Reli KONKRET 3

Unterrichtswerk für katholischen Religionsunterricht an Realschulen und Werkrealschulen in den Jahrgangsstufen 9/10 in Baden-Württemberg

Herausgegeben von
Prof. Dr. Georg Hilger und
Prof. Dr. Elisabeth Reil

Erarbeitet von
Peter Frank, Ulrike Kern,
Dr. Hans-Walter Nörtersheuser,
Martin Rathgeb, Simone Rathgeb,
Christian Schuhmacher und
Barbara Schupp

Unter Mitarbeit von
Dr. Matthias Bahr, Anja Beuschl,
Sylvia Detsch, Thomas Henn,
Marga Hülz, Ruth Iff, Klaus König,
Andrea Peters-Daniel, Markus Prölß,
Prof. Dr. Mirjam Schambeck sf,
Dr. Hans Schmid, Peter Slesiona,
Eva-Maria Stögbauer, Chiara Thoma

Kösel

Reli konkret 3
Unterrichtswerk für katholischen Religionsunterricht an Realschulen und Werkrealschulen in den Jahrgangsstufen 9 und 10 in Baden-Württemberg

Für Hauptschulen erscheint ein separates Buch:
Reli konkret 3 für die Jahrgangsstufe 9 (ISBN 978-3-466-50774-0)

Herausgegeben von
Prof. Dr. Georg Hilger und Prof. Dr. Elisabeth Reil

Erarbeitet von
Peter Frank, Ulrike Kern, Dr. Hans-Walter Nörtersheuser, Martin Rathgeb, Simone Rathgeb, Christian Schuhmacher und Barbara Schupp

Unter Mitarbeit von
Dr. Matthias Bahr, Anja Beuschl, Sylvia Detsch, Thomas Henn, Marga Hülz, Ruth Iff, Klaus König, Andrea Peters-Daniel, Markus Prölß, Prof. Dr. Mirjam Schambeck sf, Dr. Hans Schmid, Peter Slesiona, Chiara Thoma

MIX
Papier aus verantwortungsvollen Quellen
FSC www.fsc.org
FSC® C013736

Verlagsgruppe Random House FSC-DEU-0100
Das für dieses Buch verwendete FSC®-zertifizierte Papier
Hello Fat Matt 1,1 liefert Condat, Le Lardin Saint-Lazare, Frankreich.

Zugelassen als Lehrbuch für den katholischen Religionsunterricht an Realschulen
von den Diözesanbischöfen von Freiburg, Mainz (für den Bistumsanteil im Bundesland Baden-Württemberg)
und Rottenburg-Stuttgart
Folgt der aktuellen Rechtschreibung (2006)

2. Auflage 2011

Umschlag: Kaselow Design, München
Satz: Kösel-Verlag, München
Notensatz: Christa Pfletschinger, München
Illustration: Mascha Greune, München
Druck und Bindung: Kösel, Krugzell
Printed in Germany
ISBN 978-3-466-50773-3

www.koesel.de

Inhalt

Liebe Schülerinnen, liebe Schüler,

in diesem dritten Religionsbuch findet ihr viele Anregungen in Gestalt von Bildern, Texten, Liedern und Arbeitsimpulsen für einen Religionsunterricht, den ihr mitgestalten sollt und der dazu beitragen will, euch selbst, die anderen und euren Glauben besser zu verstehen.
Welche Vielfalt an Fragen und Themen bearbeitet werden sollen, das könnt ihr schon am **Inhaltsverzeichnis** ablesen.
Damit ihr euch in *Reli konkret* leicht zurechtfinden könnt, sind die Kapitel in der Regel folgendermaßen aufgebaut:

Die **Titelseite** öffnet mit einem Bild gleichsam das Fenster zum Thema und ermöglicht einen ersten Eindruck, worum es sich bei dem Thema handelt.
Die **Themenseiten** ermöglichen einen Blick auf die Weite des Themas und zeigen an, welche Aspekte zum Thema gehören.
Die **Ideenseiten** regen zum eigenen und gemeinsamen Erarbeiten und Gestalten an. Überlegt, welche Ideen euch beim Lernen weiterhelfen und sich bei euch verwirklichen lassen.
Die **Infoseiten** erschließen Informationen und Wissen, damit ihr euch kompetent ein eigenes Urteil bilden könnt.
Die **Deuteseiten** bringen Zeugnisse und Anfragen aus der Bibel, aus der Kirchengeschichte und von Menschen, die sich über das Leben und den Glauben Gedanken gemacht haben. Sie wollen euch auffordern, dass ihr euch damit auseinandersetzt und nach der Bedeutung für euer eigenes Leben fragt.
Die **Besinnungsseiten** laden zum Verweilen, zum Nachspüren, zum Weg nach innen ein. Ihre Lieder, Gebete und Übungen sind Angebote, die ihr auswählen und mitvollziehen könnt. So soll Religion erfahrbar werden.
Die **Projektseiten** enthalten Vorschläge, wie gemeinsam ein konkretes „Projekt" angepackt werden kann, das Lernen und Tun in der Schule mit dem Leben draußen verbindet.
Die **Stellungnahmen** fordern dazu heraus, Positionen und Meinungen auszudrücken und aus dem Erlernten Schlüsse für euch selbst zu ziehen.

Am Ende des Buches findet ihr ein **Lexikon** mit Bildern und kurzen Texten zu wichtigen Begriffen und interessanten Hintergründen. Die Stichwörter, die ihr im Lexikon findet, sind in den Kapiteln durch Sternchen gekennzeichnet, z.B. Verheißung*.
Seitenverweise findet ihr im weißen Kästchen [10].

1 Jesus neu entdecken

Unbekannter Freskenmaler, 3. Jh.

Also, richtig erfunden kann man die Geschichten in der Bibel nicht haben. Ich glaub' schon, es hat einen gegeben, der hat was drauf gehabt und deshalb wird er vergöttert.

Udo

Wer ist Jesus für Sie?

Der bekannteste Unbekannte.
Derjenige, dem ich Gott glaube.
Derjenige, der sein letztes
Wort noch nicht gesagt hat.

Kurt Marti

„... für wer

Wir glauben an dich, Jesus Christus,
Licht von Gott und Licht der Welt,
Wunder der Menschlichkeit,
Salz der Erde und Brot für uns Menschen.
Du bist der Freund der Sünder.
Dein Leben war ein Lied der Liebe.
Dein Handeln atmete göttliche Freiheit.
In deinem Wort war der Klang
der Versöhnung.
Gewaltlos wurdest du Opfer
von menschlicher Angst, Egoismus und
Spielen der Macht.
Doch Gottes Liebe ist stärker als der Tod
und seine Treue durch nichts zu zerstören.
So hat Gott dich aus der Finsternis ins Licht
gerufen: Auferstehung – Leben in Gott. Neue
Schöpfung – Leben in Fülle.

jesus
wenn ich dich sehen will
bildchen
schmerzensmann als silberanhänger
oder
der rembrandtblick mit glanzlicht
und
neuerdings wehend in hippiehaar
der wind wo er will

weil du
der bist
der alle masken fallen lässt
haben wir dich
hinter hundert masken
erstickt

Ernst Eggimann

Jesus nimmt in meinem Herzen
den Platz eines der großen
Menschheitslehrer ein,
die mein Leben beträchtlich
beeinflusst haben.

Mahatma Gandhi

Im Moment lebe ich
und da ist kaum
ein Jesus da.

Lena

Für mich ist Jesus ein
wichtiger "Beistand", aber
meine Freunde dürfen das
nicht wissen.

Thomas

altet ihr mich?“

Mk 8,29

Paul Gauguin, 1890/1891

Meinungen sichten

Auf der Themenseite 8 f. könnt ihr unterschiedliche Einstellungen zu Jesus lesen. Findet heraus, was Jesus den Menschen jeweils bedeutet.
Gestaltet dazu eine Collage, die ihr mit eigenen Meinungen – in Wort und Bild – ergänzt.

Meinungen erfahren

Jesus hat seine Jünger gefragt: „Für wen halten die Leute mich?" (vgl. Mt 16,13-16). Wenn jede und jeder von euch eine/n Erwachsene/n interviewt und die Antwort aufnimmt, könnt ihr anschließend gemeinsam eine CD zusammenstellen.
Überlegt euch vorher, wo ihr Menschen mit verschiedenen Ansichten treffen könnt! Vielleicht wollt ihr die Antworten lieber aufschreiben und sie in einer Computerdatei festhalten, die ihr jederzeit ergänzen könnt.

Zimmermann – toter Mann – Supermann

Überlegt, was in diesen drei Begriffen über Jesus ausgesagt wird.
Sucht nach weiteren Beispielen.

Die vielen Namen Jesu darstellen

Gestaltet in Gruppen ein Plakat mit allen Namen Jesu, die euch einfallen und die ihr findet (z.B. Deuteseite 16-17).
Wie viele Namen kommen zusammen? Hebt die Namen hervor, die eurer Meinung nach am besten zu Jesus passen.

Glaubensbekenntnisse vergleichen

Sowohl das Apostolische Glaubensbekenntnis (GL Nr. 2,5) als auch das Große Glaubensbekenntnis (GL Nr. 356) enthalten verschiedene Glaubensaussagen über Jesus.
Vergleicht diese Aussagen mit den Standpunkten, die auf der Themenseite 8-9 vertreten werden.
Formuliere nach deinen persönlichen Vorstellungen und Einstellungen ein eigenes Glaubensbekenntnis.

Jesus-Feste im Kirchenjahr

Viele Feste im Kirchenjahr* beziehen sich auf Stationen aus dem Leben Jesu. Bringt die wichtigsten kirchlichen Feste mit Bibelstellen auf der Landkarte 13 in Verbindung.

Ein Klassenkreuz bauen

Konstruiert dazu ein Kreuz aus einem geeigneten Material, am besten aus Holz. Stamm und Balken sollten so breit sein, dass für jede/n aus der Klasse oder Gruppe Platz ist, persönliche Erfahrungen oder Erlebnisse mit dem Kreuz Jesu Christi daran anzubringen. Dies können selbst gestaltete Bilder, Worte, Gegenstände, aber auch Fotos oder Zeitungsartikel sein. Besonderen Wert erhält euer Kreuz, wenn ihr Bilder, Symbole oder Grafiken mit einer Nadel oder einem Kugelschreiber vom Papier auf ein dünnes Kupferblech übertragt. Die entstandenen Kupferreliefs werden mit kleinen Nägeln an das Holzkreuz geheftet – Nägel, die wie das Holz an das Leiden Jesu Christi erinnern. Eventuell könnt ihr die Fertigstellung des Klassenkreuzes mit einer „Kreuzmeditation“ abschließen, in der ihr eure Gedanken und Anliegen formuliert und einen Bezug zu Tod und Auferstehung Jesu Christi herstellt.

Ein Christus-Monogramm künstlerisch gestalten

Ein Monogramm ist ein künstlerisch gestaltetes Namenszeichen.
Gestalte ein eigenes Christusmonogramm in der Form eines Mandalas. Entscheide, welche Buchstaben und Symbole du verwenden willst.
Du kannst ein Mosaik herstellen: Klebe Scherben aus Fliesen und Kachelresten auf eine Holzplatte und verfuge sie dann mit Fugenmasse.

Ein Jesus-Lied texten

Auf Deuteseite [17] findet ihr ein Lied über Jesus.
Komponiert euer eigenes Jesus-Lied. Dazu könnt ihr auf eine bekannte Melodie zurückgreifen oder einen Rap schreiben.

Sich ein Bild von Jesus machen

Aus den ersten Jahrhunderten gibt es kaum Darstellungen von Jesus (Bilderverbot*). Erst nach dem Konzil von Nicäa im 8. Jahrhundert, das den Bilderstreit beendete, kamen immer mehr Jesusdarstellungen auf. Sie sind bis heute ein Beleg für die unterschiedlichen Vorstellungen von Jesus Christus. Wenn du dir die Bilder in diesem Kapitel anschaust, kannst du herausfinden, worauf der Künstler jeweils Wert gelegt hat.
Wähle das Bild aus, das dich am meisten anspricht. Schreibe dazu einen passenden Text oder ein Gebet.
Vielleicht möchtest du ja auch dein eigenes Bild von Jesus zum Ausdruck bringen. Bilder lassen sich verändern (vgl. Titelseite [7]) oder mit einem Bildbearbeitungsprogramm übereinanderlegen (vgl. Deuteseite [17]). Wie gestaltest du deine Vorstellung von Jesus?

Jesus auf die Spur kommen

Palästina zur Zeit Jesu

Zur Zeit Jesu war Palästina Teil des Römischen Reiches. Galiläa im Norden war geprägt von saftig grünen Wäldern. Zum Toten Meer hin wurde das Land immer trockener. Die Wasserversorgung und das Anlegen von Wasservorräten waren lebensnotwendig. Das gesamte politische Leben in dem kleinen Land wurde von den Römern kontrolliert. Die Bevölkerung musste Steuern an den römischen Kaiser und seine Statthalter entrichten und wurde von der Besatzungsmacht immer wieder gedemütigt.
Im jüdischen Volk gab es verschiedene religiöse Gruppen. Ihre Glaubensvorstellungen bestimmten ihr Verhältnis zur Besatzungsmacht.

Religiöse Gruppen

Die *Sadduzäer*, zu denen die Priester im Tempel von Jerusalem und adlige Großgrundbesitzer gehörten, hatten für sich Privilegien ausgehandelt und unterstützten die Herrschaft der Römer. Jesus kritisierte die Sadduzäer immer wieder wegen ihrer religiösen Geschäfte und ihrer politischen Haltung.
Die frommen *Pharisäer* genossen hohes Ansehen im Volk, hielten sich streng an die Tora – die fünf Bücher Mose – und versuchten so dem Messias den Weg zu bereiten. Unter den Pharisäern hatte Jesus Freunde und Gesprächspartner. Er wandte sich aber gegen ihre strenge und kompromisslose Haltung, wenn sie die Vorschriften über die Menschen stellten.
Die *Zeloten* kämpften für die Unabhängigkeit des jüdischen Staates, weil sie glaubten, dass die Juden keinen anderen Herrscher haben könnten als ihren Gott. Sie hofften auf die Ankunft eines Messias, der als mächtiger König die Herrschaft der Römer beenden würde.
Auch die *Essener* sehnten sich nach einer messianischen Zeit. Allerdings lebten sie zurückgezogen in abgeschlossenen Gemeinschaften. Sie hielten sich an strenge Regeln und Gesetze und erwarteten so ihren Retter und Befreier.
Viele der Juden, die keiner der vier Gruppierungen angehörten, klammerten sich ebenfalls an die Hoffnung von der baldigen Ankunft des Messias.
Für die Evangelisten ist Jesus Christus der erwartete Messias (vgl. Infoseite 16).

Woher wissen wir von Jesus?

Die wichtigsten Quellen über Jesus sind die Evangelien. Daneben gibt es noch jüdische und römische Quellen, in denen Jesus erwähnt wird. Dieser Text stammt von dem jüdischen Geschichtsschreiber Flavius Josephus (37/38 – ca. 100 n.Chr.); die unterstrichenen Textteile wurden wahrscheinlich später von Christen eingefügt:

Um diese Zeit lebte Jesus, ein weiser Mann, wenn man ihn überhaupt einen Menschen nennen darf. Er vollbrachte nämlich ganz unglaubliche Taten und war der Lehrer aller Menschen, die mit Lust die Wahrheit aufnahmen. So zog er viele Juden und auch viele Heiden an sich. Dieser war der Christus. Und obgleich ihn Pilatus auf Betreiben der Vornehmsten unseres Volkes zum Kreuzestod verurteilte, wurden doch seine früheren Anhänger ihm nicht untreu. Denn er erschien ihnen am dritten Tage wieder lebend, wie gottgesandte Propheten dies und tausend andere wunderbare Dinge von ihm vorhergesagt hatten. Und bis auf den heutigen Tag besteht das Volk der Christen, die sich nach ihm nennen, fort.

Flavius Josephus

- *Schlagt die Bibelstellen auf der Landkarte* 13 *nach und klärt, welche Orte und Landstriche in den neutestamentlichen Erzählungen erwähnt werden.*

Mt 5,1f.
Berg am Nordufer
des Sees Gennesaret
Lk 4,40ff.
Kafarnaum
Mk 1,16ff.
See Gennesaret
Mt 4,1f.
Ostjordangebiet, südöstlich des
Jordanursprungs aus dem See
Lk 4,16
Nazaret
Mt 3,13
Jordanabschnitt in der Wüste
Judäa oberhalb Jerichos
Mk 16,14
Jerusalem
Mt 21,1
Betfage am Ölberg
Joh 19,17f.
Golgota
Mt 26,26
Abendmahls-Saal
in Jerusalem
Mt 2,1
Betlehem

Die Entstehung der Evangelien

Die Evangelisten kannten Jesus nicht persönlich, denn die Evangelien von Markus, Matthäus, Lukas und Johannes wurden ca. 40 bis 80 Jahre nach seinem Tod geschrieben. Sie sind Zeugnisse vom Glauben der frühen Christen. In den unterschiedlichen Gemeinden, die nach dem Tod Jesu entstanden waren, wurden verschiedene Erinnerungen und Erzählungen von ihm weitergegeben. Hier haben die vier Evangelisten ihr Material über Jesus zusammengetragen. Dabei hatten sie jedoch nie die Absicht, einen historischen Bericht über sein Leben zu schreiben. Sie berücksichtigten vielmehr die aktuellen Verhältnisse ihrer Gemeinden und verkündeten auf ihre eigene Art die Frohe Botschaft von Leben, Tod und Auferstehung Jesu.
Vor allem in den ersten drei Evangelien findet man viele übereinstimmende Erzählungen. Allerdings gibt es auch hier große Unterschiede: Das Markus-Evangelium beginnt z.B. erst mit der Taufe des erwachsenen Jesus, während Matthäus und Lukas auf unterschiedliche Weise bereits in ihren Kindheitserzählungen zeigen, dass Jesus für sie der von Gott gesandte Messias ist.
Wie kommen diese Gemeinsamkeiten und Unterschiede zustande? Die Zwei-Quellen-Theorie* gibt eine schlüssige Antwort: Innerhalb der vier Evangelien ist das Markus-Evangelium das älteste und kürzeste. Es wird als die wichtigste Quelle für die Evangelien nach Matthäus und Lukas angesehen. Die gemeinsamen Jesusworte dieser Evangelien entstammen einer Sammlung von Reden Jesu, der sogenannten Logienquelle (vom griechischen *logos*, das Wort). Hinzu kommen bei Matthäus und Lukas eigene Texte, die als Sondergut bezeichnet werden. Das Johannes-Evangelium hat eine eigene Überlieferungsgeschichte und hängt nicht von Markus und den anderen Evangelisten ab.

- *Auf Infoseite* *15* *sind drei parallele Stellen aus dem Neuen Testament nebeneinandergestellt. Solch eine Darstellung nennt man Synopse (vom griechischen syn-opsis, zusammenschauen oder gemeinsam schauen). So kann man die biblischen Texte besser vergleichen. Versucht mit der Zwei-Quellen-Theorie* die Entstehung der Texte zu erklären.*
- *Seid BibelforscherInnen: In der Vollbibel nach der Einheitsübersetzung findet ihr an vielen Evangelientexten klein gedruckte Hinweise auf Parallelstellen in anderen Evangelien. Sucht eine biblische Erzählung im Markus-Evangelium. Vergleicht die Geschichte mit den Darstellungen der anderen Evangelien. Dann erklärt die Unterschiede und Gemeinsamkeiten.*
- *Die Buchstaben der Installation „Wordpieces“ lassen sich unterschiedlich lesen …*

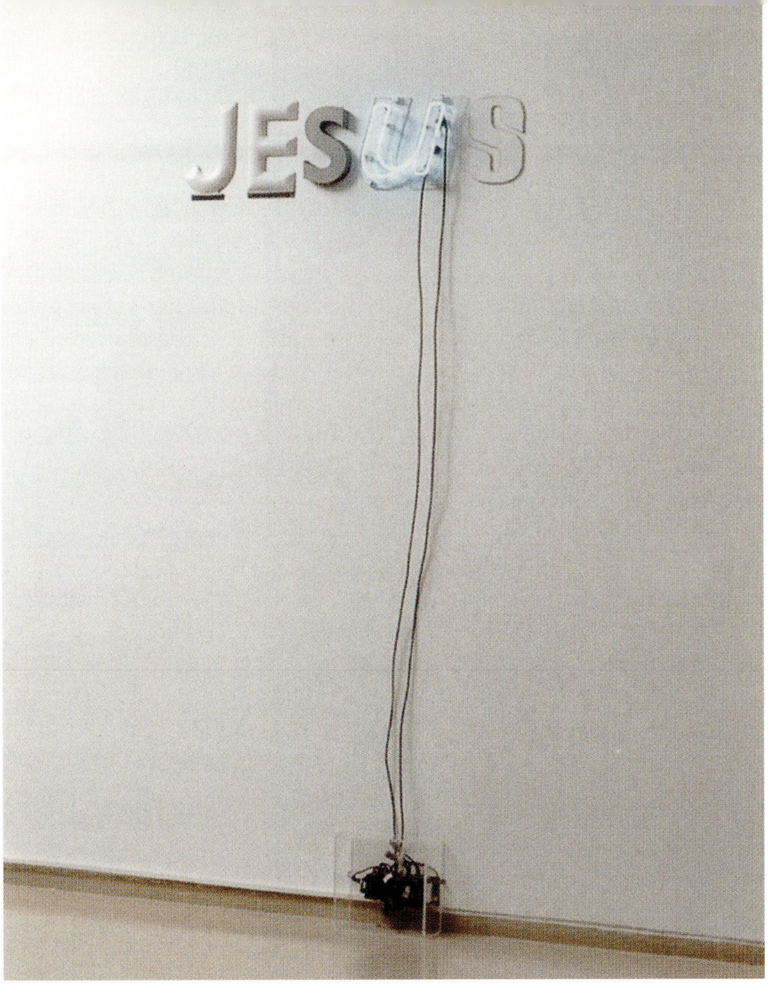

Jack Pierson, 1998

Das Messiasbekenntnis des Petrus

Mt 16,13-20
[13] Als Jesus in das Gebiet von Cäsarea
Philippi kam, fragte er seine Jünger: Für
wen halten die Leute den Menschensohn?
[14] Sie sagten: Die einen für Johannes den
Täufer, andere für Elija, wieder andere
für Jeremia oder sonst einen Propheten. [15]
Da sagte er zu ihnen: Ihr aber, für wen
haltet ihr mich? [16] Simon Petrus antwor-
tete: Du bist der Messias, der Sohn des
lebendigen Gottes! [17] Jesus sagte zu ihm:
Selig bist du, Simon Barjona; denn nicht
Fleisch und Blut haben dir das offenbart,
sondern mein Vater im Himmel.
[18] Ich aber sage dir: Du bist Petrus, und
auf diesen Felsen werde ich meine Kirche
bauen, und die Mächte der Unterwelt
werden sie nicht überwältigen. [19] Ich
werde dir die Schlüssel des Himmel-
reiches geben; was du auf Erden binden
wirst, das wird auch im Himmel gebun-
den sein, und was du auf Erden lösen
wirst, das wird auch im Himmel gelöst
sein. [20] Dann befahl er den Jüngern, nie-
mand zu sagen, dass er der Messias sei.

Mk 8,27-30
[27] Jesus ging mit seinen Jüngern in die
Dörfer bei Cäsarea Philippi. Unterwegs
fragte er die Jünger: Für wen halten mich
die Menschen? [28] Sie sagten zu ihm: Ei-
nige für Johannes den Täufer, andere für
Elija, wieder andere für sonst einen von
den Propheten. [29] Da fragte er sie: Ihr
aber, für wen haltet ihr mich? Simon Pe-
trus antwortete ihm: Du bist der Messias!

[30] Doch er verbot ihnen, mit jemand übêr
ihn zu sprechen.

Lk 9,18-21
[18] Jesus betete einmal in der Einsamkeit,
und die Jünger waren bei ihm. Da fragte
er sie: Für wen halten mich die Leute?
[19] Sie antworteten: Einige für Johannes
den Täufer, andere für Elija; wieder an-
dere sagen: Einer der alten Propheten ist
auferstanden. [20] Da sagte er zu ihnen: Ihr
aber, für wen haltet ihr mich? Petrus ant-
wortete: Für den Messias Gottes.

[21] Doch er verbot ihnen streng, es jemand
weiterzusagen.

Wer ist dieser Mensch? *Mt 8,27*

Messias (hebräisch) Christus (griechisch)

Messias bedeutet sowohl in der hebräischen Sprache des Alten Testaments als auch in Aramäisch, der Sprache Jesu, „Gesalbter“. Dasselbe heißt in griechischer Sprache Christus. Könige und Priester des Alten Testaments wurden mit Öl gesalbt als Zeichen der Stärke und als Zeichen, dass sie im Auftrag Gottes handeln. Mit Messias meinten die Juden den erwarteten Nachfolger König Davids. Unter den griechisch sprechenden Christen wurde aus „Jesus, dem Messias“ der „Jesus, der Christus“ (vgl. das Messiasbekenntnis des Petrus: Mk 8,27 par).

Menschensohn

Im Alten Testament wird jemand „Menschensohn“ genannt, dem Gott selbst Vollmacht und Auftrag gibt. Im Buch Daniel wird „Menschensohn“ in besonderer Weise verwendet: Es ist der Erlöser und Richter, der am Ende der Welt von Gott gesandt wird.
Im Markus-Evangelium spricht Jesus häufig von sich selbst als Menschensohn (vgl. z.B. Mk 8,31).

Herr/Kyrios

Im jüdischen Sprachgebrauch war „Herr“ ein Titel, den z.B. Sklaven gegenüber ihren Gebietern gebrauchten. Unter der Römerherrschaft stand dieser Titel nur dem römischen Kaiser als dem Herrn der Welt zu. Wenn Christen Jesus „Herr“ nennen, bekennen sie: Allein Jesus Christus ist für uns maßgebend. Der alte Ruf: „Herr, erbarme dich“ hat sich im griechischen Wortlaut erhalten: Kyrie eleison.
Im AT wird der Begriff „Herr“ einzig als Bezeichnung für Gott verwendet (vgl. Gen 2,4b-25). Gott sorgt sich als „Herr“ um alle Menschen: im AT, im NT, heute und immer.

Sohn Gottes

Der Name zeigt die enge Verbindung zwischen Gott und Jesus. Er war im Orient ein Titel für den König, im jüdischen Volk wurde ein besonders frommer und gerechter Mensch auch als Sohn Gottes bezeichnet. Viele ahnten: Jesus war mehr als ein gerechter und frommer Mensch, er war mehr als alle früheren Boten und Diener Gottes. Von ihm heißt es im Matthäus-Evangelium:
„Mir ist von meinem Vater alles übergeben worden; niemand kennt den Sohn, nur der Vater“ (Mt 11,27).
Deswegen bekennt die Kirche seit den Tagen der Apostel: Er ist der Sohn Gottes.

- *Es gibt viele weitere Namen für Jesus. Du findest sie u.a. in der „Jesus-Litanei“ im Gotteslob Nr. 765/1 und 765/2. Notiere die Namen für Jesus, die dich am meisten ansprechen, und trage die Ergebnisse in einer selbst gestalteten „Jesus-Litanei“ zusammen. Natürlich kannst du auch eigene Namen und Bezeichnungen verwenden.*
- *Manche der Namen lassen sich einzelnen Strophen des Liedes oder Bildern in diesem Kapitel zuordnen.*
- *Sammelt Argumente für eine Pro-und-kontra-Debatte zu der Frage, über die die frühen Christen in Streit geraten sind: Darf man von Jesus, dem Gottessohn, ein Bild machen und es verehren?*

Michaela Karch, 2001

Eines Tages kam einer

T: Alois Albrecht
M: Peter Janssen

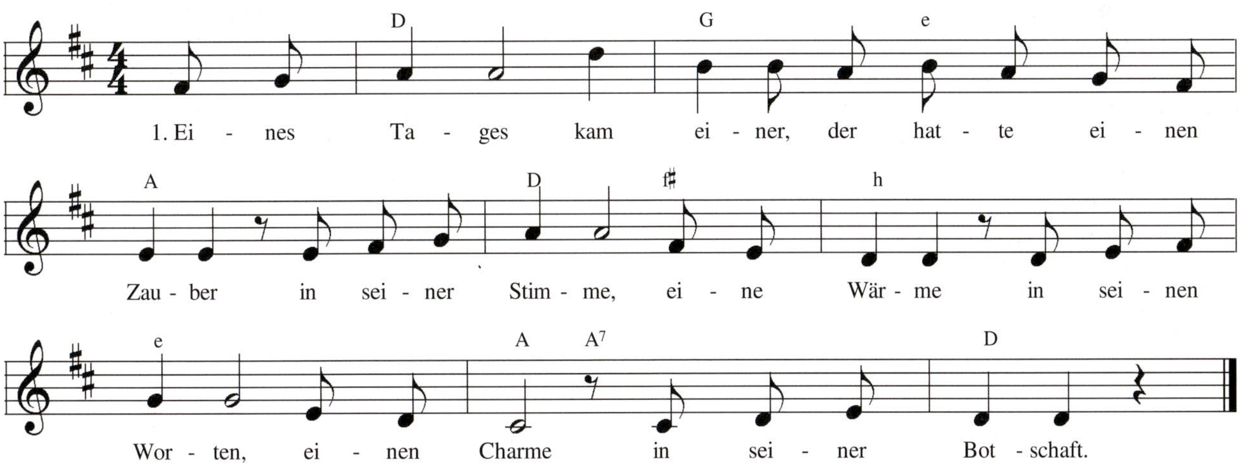

2. Eines Tages kam einer, der hatte eine Freude in seinen Augen, eine Freiheit in seinem Handeln, eine Zukunft in seinen Zeichen.
3. Eines Tages kam einer, der hatte eine Hoffnung in seinen Wundern, eine Kraft in seinem Wesen, eine Offenheit in seinem Herzen.
4. Eines Tages kam einer, der hatte eine Liebe in seinen Gesten, eine Güte in seinen Küssen, eine Zärtlichkeit in seinen Umarmungen.
5. Eines Tages kam einer, der hatte einen Vater in seinen Gebeten, einen Helfer in seinen Ängsten, einen Gott in seinem Sterben.
6. Eines Tages kam einer, der hatte einen Schatz in seinem Himmel, ein Leben in seinem Tode, eine Auferstehung in seinem Glauben.

„Andachtsbilder“ gestalten

Die Betrachtung von Andachtsbildern ist im Mittelalter eine weitverbreitete Form, Jesus zu begegnen und ihn anzubeten. Häufig zeigen die Bilder in bunten Farben und mit vielen symbolischen Andeutungen wichtige Szenen aus seinem Leben. Die Personen sind so dargestellt, dass man sich in ihre Gedanken und Gefühle hineinversetzen kann. Sie sind nahe an den Betrachter gerückt, man hat den Eindruck, sie beinahe berühren zu können. Andachtsbilder wollen berühren, die Betrachterin und den Betrachter dazu anregen, über sich und die Beziehung zu Jesus Christus nachzudenken.
Die vier Andachtsbilder aus dem 14. Jh. waren so miteinander verbunden, dass man sie zusammenklappen und z.B. auf eine Reise mitnehmen konnte. Dies erlaubte verschiedene Anordnungen: Einmal waren nur die Verkündigungs- und die Geburtsszene zu sehen, zu einer anderen Zeit des Kirchenjahres wurden besonders Tod und Auferstehung Jesu betrachtet.

Gemalt wurden die Andachtsbilder für Menschen, die in einer anderen Zeit und unter anderen Bedingungen lebten.

- Wie müssten Bilder aussehen, die heute dazu einladen, zur Ruhe zu kommen, das Leben Jesu zu betrachten und ihm nahezukommen?

Zwei französische Künstler haben nach Antworten gesucht. Ihre Fotos 19 sollen euch inspirieren, eure eigene Serie von Andachtsbildern mit verschiedenen Szenen aus dem Leben Jesu zu gestalten.

- Welche Stationen aus dem Leben Jesu beeindrucken euch?
- Welche wollt ihr näher betrachten?
- Klärt die Darstellung und Anordnung der einzelnen Bilder.
- Welche Farben und Symbole eignen sich, wie sollten die Personen dargestellt werden?
- Wählt eine geeignete Gestaltungstechnik aus.
- Was gibt es noch zu planen und zu bedenken?

Wie wollt ihr eure „Andachtsbilder“ verwenden? Hier einige Anregungen:

- einen Raum der Stille gestalten,
- Texte zu einzelnen Bildern schreiben und vervielfältigen,
- kleine Andachtsbilder mit Bildausschnitten herstellen,
- Frühschichten zu den Andachtsbildern vorbereiten.
- Welche anderen Möglichkeiten fallen euch ein?

Jesus verlässt seine Eltern.

Steh auf!

Jesus trägt sein Kreuz und geht hinaus zur sogenannten Schädelhöhe, die auf Hebräisch Golgota heißt.

Jesus nachfolgen

Der christliche Glaube, das Bekenntnis zu Jesus Christus und seiner Frohen Botschaft, haben unzählige Menschen geprägt. Für eine besondere Form der Nachfolge entschied sich im letzten Jahrhundert Madeleine Delbrêl.
Madeleine Delbrêl wurde 1904 in der kleinen südfranzösischen Stadt Mussidan geboren. Sie wuchs in einem bürgerlichen, wenig religiösen Elternhaus auf. Bereits mit 16 Jahren begann Madeleine ihr Studium an der Universität Sorbonne in Paris. Zu dieser Zeit war sie überzeugt, dass Gott nicht existiert. Im Alter von 20 Jahren veränderte sich ihr Leben grundlegend, die junge Frau wurde, wie sie selbst sagte, „von Gott überwältigt". Von nun an wollte Madeleine in der Welt für „den Herrn arbeiten". „Christsein heißt", so schreibt sie später, „das Leben Christi mit unserem Leben zu leben. Das bedeutet aber nicht eine Kopie zu sein, sondern ein Original."
Nach der Ausbildung zur Sozialarbeiterin gründete Madeleine Delbrêl gemeinsam mit zwei weiteren Frauen eine religiöse Gemeinschaft in Ivry, einer Arbeiterstadt südlich von Paris. Hier wollte sie Gott und den Menschen dienen. Mehr als dreißig Jahre führte Madeleine inmitten der lauten Arbeiterstadt ein geistiges Leben. Sie setzte sich für die in katastrophalen Bedingungen lebenden Menschen ein. In einer unchristlichen Umgebung wollte sie Zeugnis für die Botschaft des Evangeliums ablegen, indem sie danach lebte.
Einer ihrer Nachbarn sagte über Madeleine Delbrêl: „Sie war eine ganz ungewöhnliche Frau: Man wusste, dass sie immer dazu bereit war, allen zu helfen, die in ihrer Umgebung lebten. Manchmal waren das Arbeitslose, manchmal streikende Arbeiter oder Leute, die keine Wohnung hatten. Wenn man irgendein Problem hatte, sagte man: ‚Komm, wir gehen zu Madeleine!', und damit war das dann schon halb gelöst. Glauben Sie mir, jeder Mensch konnte sie aufsuchen, sie hatte für alle die gleiche Aufmerksamkeit."

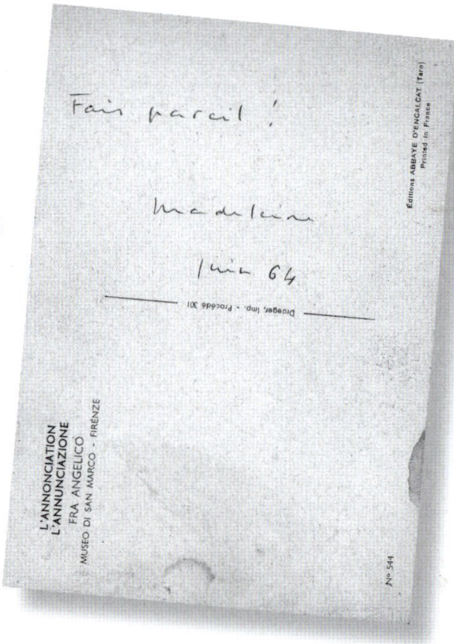

Am 13.10.1964 starb Madeleine Delbrêl plötzlich an einem Schlaganfall. Niemand weiß, an wen sie im Juni 1964 die Postkarte mit der Botschaft schicken wollte: Fais parail! – Mach's genauso! Madeleine.

- *Im Internet könnt ihr noch mehr über Madeleine Delbrêl erfahren.*
- *Überlege, wie sie die Nachfolge Jesu verstanden hat. Was beeindruckt dich an ihr?*
- *„Mach's genauso!" – „Das ist eine Zumutung, das will und kann ich nicht!" – Wenn Madeleine die Postkarte an dich geschrieben hätte, was hättest du ihr geantwortet?*
- *Wie kann man deiner Meinung nach heute Jesus nachfolgen?*
- *Vielleicht kennt ihr Menschen in eurer Nachbarschaft, die heute im Sinne Jesu leben und handeln. Fündig geworden? Beeindruckt? „Helden vor Ort" – „local heroes" können in der Datenbank local heroes der Universität Passau bekannt gemacht werden – aber nur, wenn euer Held, eure Heldin damit einverstanden ist!*

2 Kirche mitgestalten?!

Vor einigen Jahren war **Niklas** noch Ministrant. Heute hat er den Kontakt zu seiner Pfarrgemeinde verloren. Im Religionsunterricht beteiligt er sich schon lange nicht mehr an den Gesprächen. Innerlich hat er sich schon abgemeldet. Aber auf einmal, beim Thema Kirche,vergisst er sein Schweigen: „Natürlich glaube ich noch an Gott, aber muss man dazu in die Kirche gehen und das ganze religiöse Gesabbel und die veralteten Ansichten anhören? Ich finde vieles zu konservativ und scheinheilig. Da wird oft was von den Leuten verlangt, ohne sich selbst dafür zu engagieren. Ist einer ein besserer Mensch, wenn er sonntags in die Kirche geht? Viele gehen doch nur aus Gewohnheit, und nachher gehen sie auseinander und wollen nichts mehr miteinanderzu tun haben!"

XX. Weltjugendtag Köln 2005

WYD SYD08 world youth day sydney 2008

Lara hingegen ist mit ihren 15 Jahren weiterhin Ministrantin und hat andere Erfahrungen als Niklas gemacht:
„Kirche ist für mich Gemeinschaft mit anderen, z.B. der Gottesdienst. Man findet aber auch seine Ruhe. Wenn ich eine gewaltige Wut habe, hilft es mir, wenn ich einen Spaziergang in die Kirche mache. Dort ist es dann ganz ruhig, und man kann selber mit Gott reden und zur Ruhe kommen. Also kann ich meinen Privatbereich dadurch klären. Wenn ich in die Sakristei gehe, treffe ich viele Ministranten, die ich kennen. Wir unternehmen auch was. So ist Abwechslung drin! Durch unsere Freundschaft entsteht auch Vertrauen, und man kann sich bei Problemen helfen. Ich finde, Kirche ist super, aber man muss einiges Altmodisches ändern, damit sie echt ein Ort wird, wo sich alle wohlfühlen."

Meinen Standort zeigen

Legt in die Mitte des Raumes ein Bild oder ein Symbol der Kirche. Nimm nun Position zu dieser Mitte bzw. zur Kirche im Raum ein und bringe deine Haltung ihr gegenüber zum Ausdruck. Stehst du der Kirche nah oder fern?
Bist du von ihr abgewandt oder ist dein Blick auf sie gerichtet?
Schau dich im Raum um. Wie stehen deine MitschülerInnen zur Kirche?
Begründe nun deine Position durch eine persönliche Aussage.

Mit Kirche „auf Sendung" gehen

Was Nachrichtenagenturen in der Öffentlichkeit über Kirche berichten, könnt ihr gezielt beobachten. Sucht z.B. eine Woche lang in der Tageszeitung nach Spuren der Kirche (Fotos, Nachrichten, Lokalberichte, Veranstaltungshinweise ...). Daraus kann eine Dokumentation der Beiträge – unter verschiedenen Überschriften geordnet – entstehen. Oder ihr präsentiert die gefundenen Artikel in einer kleinen „Wochenschau". Dann heißt es nur noch: NachrichtensprecherIn gesucht!

Eine Erzählrunde veranstalten

Tauscht euch in Kleingruppen über eure Erfahrungen und Meinungen zur Kirche aus.
Folgende Fragen geben euch weitere Anhaltspunkte:
Wie erlebst du Kirche dort, wo du wohnst?
Welche Aufgaben hat deiner Ansicht nach die Kirche in der heutigen Zeit?
Wo sollte sich Kirche einmischen?

Kirche ist ...

Bei dem Wort Kirche denke ich an ...
Kirche ist etwas für ...
Kirche bedeutet für mich ...
Wähle einen Satzanfang aus. Schreibe weiter, was dir spontan dazu einfällt!

StatistikerIn sein

Wie viele Katholiken gibt es in Deutschland, wie viele in deiner Diözese? Wie viele besuchen den Gottesdienst? Wie viele Kinder werden jährlich getauft? Wie viele Menschen treten aus der katholischen Kirche aus? Wie viele treten in die Kirche ein?
Alle diese Daten findet ihr bei der Deutschen* Bischofskonferenz auf www.dbk.de.
Für Neugierige:
Ein Vergleich mit dem Jahr 2000 lohnt sich. Wo erkennt ihr die größten Unterschiede?

Momentaufnahmen sammeln

Themenseite 22 - 23 zeigt unterschiedliche Momentaufnahmen der Kirche von heute. Schreibe einen Brief an Niklas oder Lara, in dem du deine eigene Meinung in Bezug auf Kirche zum Ausdruck bringst und dich mit ihren Argumenten auseinandersetzt. Sammelt weitere Momentaufnahmen, die etwas vom Auftrag der Kirche zeigen. Je nachdem, wie viel Zeit ihr einsetzen möchtet, könnt ihr die Momentaufnahmen mit einer Digitalkamera oder einem Foto-Handy festhalten und vielleicht sogar eine Ausstellung in der Schule organisieren.
Die Kirche versteht sich selbst als „Volk Gottes". Jeden Sonntag gehen Millionen Menschen in die Kirche. Was sagst du dazu?

Interviews führen

Fragt Menschen in eurer Umgebung, was sie von der Kirche halten:
Was ist für Sie an der Kirche wichtig?
Warum wenden Sie der Kirche den Rücken zu?
Warum engagieren Sie sich in der Kirche?

Es kann hilfreich sein, zuvor einen Fragebogen zu erstellen.
Stellt die Aussagen und Ergebnisse auf Plakaten, vielleicht sogar im Schulhaus dar.

„Kirchen-Spuren" auf meinem Lebensweg entdecken

Gestalte in deinem Heft einen Weg, auf dem du sichtbar machst, wo und wann du in deinem bisherigen Leben mit der Kirche bzw. mit Menschen der Kirche in Berührung gekommen bist.
In einer kleinen Ausstellung im Unterricht könnt ihr euren MitschülerInnen eure Wege zeigen.

Kirchen erkunden

Vielleicht habt ihr in Klasse 5/6 eure Kirche/n schon einmal erkundet. Jetzt könnt ihr ein spezielles Thema untersuchen, z.B. welche Christusbilder ihr dort findet.

Einen „Ortsplan Kirche" erstellen

„Der Kirche begegnet man nicht nur in der Kirche." Diese Aussage findet ihr wahrscheinlich auch an eurem Ort bestätigt. Erkundigt euch nach Einrichtungen und Treffpunkten der Kirche.
Was geschieht dort? Wem begegnet man da? Vermutlich gibt es auch Informationsmaterial in eurem Pfarramt ...

Wo Kirche lebendig ist – Wer kommt mit?

„Kirche" bedeutet nicht nur Sonntagsgottesdienst. Ein Foto 23 zeigt Jugendliche bei einer Wallfahrt zum Weltjugendtag*.
Wann und wo findet der nächste Katholikentag oder Evangelische Kirchentag statt?
Gibt es ein großes Jugendtreffen in eurer Nähe?
Informiert euch; vielleicht haben einige von euch Lust, gemeinsam daran teilzunehmen?

Zentralkomitee der Deutschen Katholiken
Hochkreuzallee 246
53175 Bonn
Tel. 0228/3829729
Internet: www.katholikentag.de

Deutscher Evangelischer Kirchentag
Magdeburger Str. 59
36037 Fulda
Tel. 0661/969500
Internet: www.kirchentag.de

Kirche – Zeichen Gottes in der Welt

Grunddienste der Kirche

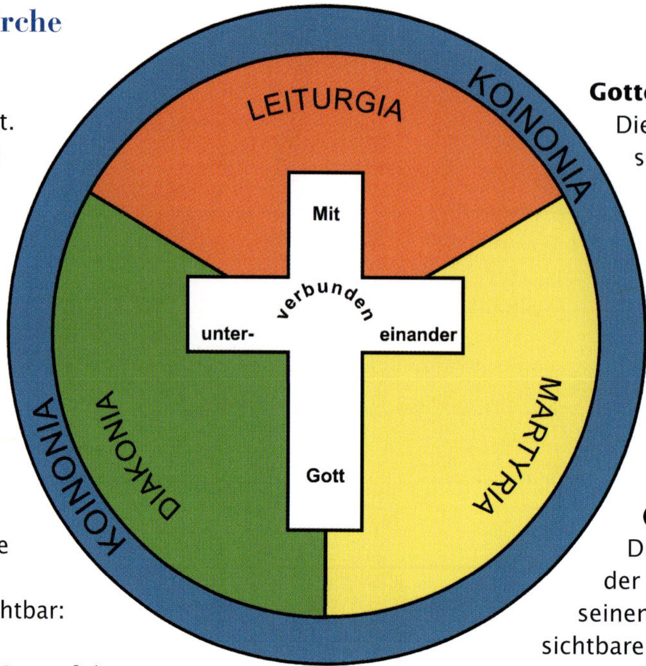

Die Kirche ist ein Zeichen Gottes in der heutigen Welt. Sie zeichnet sich vor allem dadurch aus, dass Menschen miteinander Kirche sind (Communio).
Das Symbol des Kreuzes zeigt diese Verbundenheit in zwei Richtungen: die Verbindung der Menschen mit Gott und die Verbundenheit unter den Menschen.
Um diese Verbundenheit im Alltag zu leben, sind die drei Grunddienste für eine Kirchengemeinde unverzichtbar:

Gottesdienst (Leiturgia)
Die Gemeinde versammelt sich, um in der heiligen Messe und in den Sakramenten sich an Jesu Leben, Sterben und Auferstehen zu erinnern, sein Wirken zu vergegenwärtigen und für die bleibende Nähe Gottes zu danken.

Dienst am Menschen (Diakonia)
Diakonia orientiert sich an der Liebe Jesu gegenüber seinen Nächsten. Sie bewirkt sichtbare Taten für notleidende Menschen.

Verkündigungsdienst (Martyria)
Die Kirche hat den Auftrag, die Botschaft Jesu zu verkündigen. Dies wird nicht nur in der Predigt, sondern z.B. auch im Religionsunterricht oder im gelebten Glaubenszeugnis sichtbar.

Gemeinschaft (Koinonia)
Die christliche Gemeinde findet ihren Ausdruck in der Gemeinschaft. Sie ist zugleich mit der gesamten Menschheit verbunden und teilt deren Freude und Hoffnung, Trauer und Angst.

- *Zeichnet den Kreis der Grunddienste in eure Hefte. Findet Beispiele für die Verwirklichung der Grunddienste in euren Pfarrgemeinden* und schreibt sie an die Ränder des Kreises.*
- *In den Evangelien erfahrt ihr noch mehr über den Auftrag der Kirche: Mt 28,16-20; Mk 10,41-45; Lk 9,1-2.*
- *Im Johannes-Evangelium 13,15 findet ihr die Grundlage für Diakonia. Tauscht euch darüber aus, wie dieser Vers zu verstehen ist.*
- *Beziehe diesen Vers auf dich: Stell dir vor, Jesus wäscht dir die Füße – du bist es ihm wert. Wie fühlt sich das an: auf deiner Haut, in deinem Herzen? In einem Bild nur aus Farben kannst du davon erzählen.*
- *Wie hast du schon einmal in der Kirche mitgemacht? Welchem der Grunddienste kannst du deine Tätigkeit zuordnen?*

Christen feiern ihren Glauben

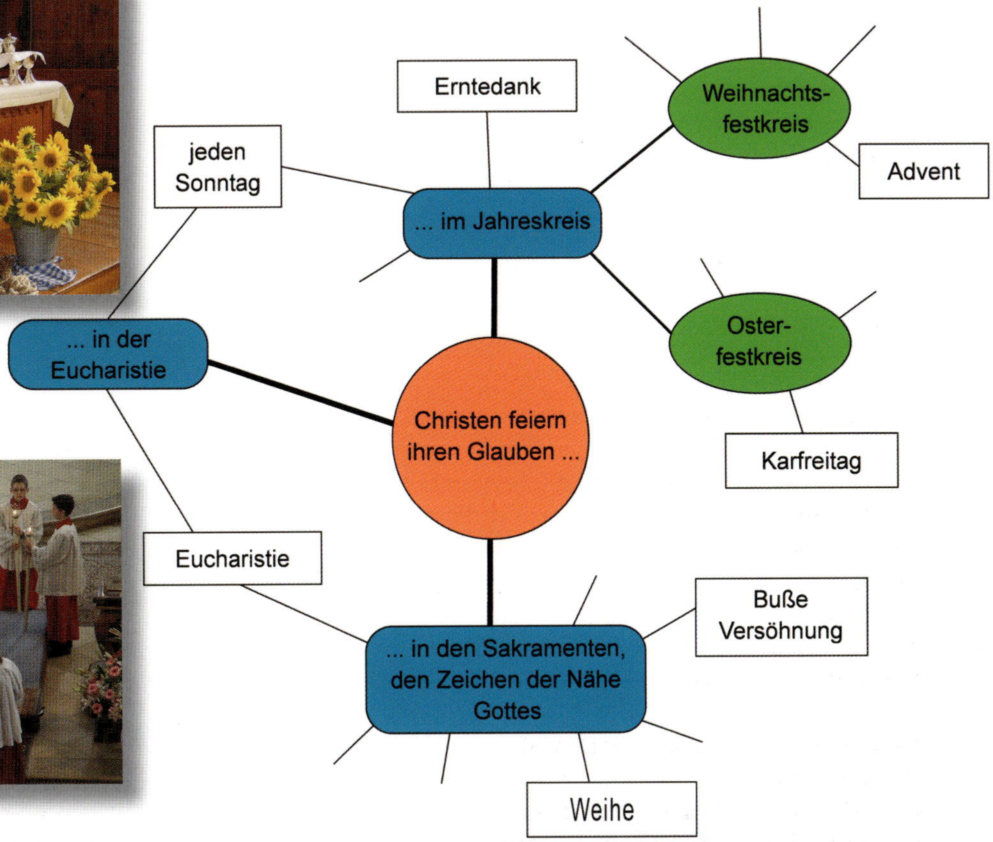

Sakramente – Zeichen der Nähe Gottes

Die sieben Sakramente* (Taufe, Buße, Eucharistie, Firmung, Ehe, Weihe, Krankensalbung) sind bleibende Zeichen der Nähe Gottes. Wir sind im Leben nicht allein. Im Laufe unseres Lebens erfahren wir durch sie die ausdrückliche Zusage Gottes in Worten und sichtbaren Zeichen.
Das eigentliche Ursakrament ist Jesus Christus, in dem Gottes Gegenwart sichtbar, hörbar und erfahrbar wurde. Er beauftragte seine Apostel, die Sakramente zu spenden. Die Kirche in deren Nachfolge kann daher als Grundsakrament bezeichnet werden.

- *Gefirmte unter euch haben sich dafür entschieden, als Christin oder Christ Teil der Kirche zu sein. Überlegt, wie der Geist Gottes auch im Alltag durch junge Menschen wirken kann.*
- *Die Kirchengemeinde feiert jeden Sonntag und an den wichtigsten Feiertagen des Jahres in der Eucharistie ihren Glauben. Stellt die wichtigsten Feiertage in einem „Jahreskreis" dar.*
  Wenn ihr Hilfe braucht, schlagt Kirchenjahr nach oder sucht unter www.festjahr.de.*
- *Die Mindmap „Christen feiern ihren Glauben" ist noch unvollständig ...*

Kirche in Bewegung

Im Laufe der Kirchengeschichte hat sich die Christenheit gespalten. Der gemeinsame Glaube an Jesus Christus als Gottes Sohn wurde und wird unterschiedlich ausgelegt.
Neben der römisch-katholischen Kirche sind die größten Konfessionen* (Bekenntnisse) die der Protestanten (bzw. Evangelischen), die der Anglikaner (Englische Staatskirche) und der Orthodoxen.

Symbol der Ökumene

Der Kreis ist das Symbol der Vollkommenheit und Gemeinschaft. Er kann auch die ganze Erde darstellen.

Alle Christen leben zusammen unter dem Kreuz.

Das Schiff ist Symbol für die eine Kirche im Meer der Zeit.

Auf dem Weg zur Ökumene

Das Wort Ökumene* bedeutet „die bewohnte Welt, der ganze Erdkreis". Die verschiedenen Konfessionen bemühen sich in ihrem ökumenischen Handeln, die Einheit der Christen zu fördern und somit das Anliegen Jesu gemeinsam zu verwirklichen.
In der katholischen Kirche hat sich vor allem nach dem Zweiten Vatikanischen Konzil (1962-1965) eine ökumenische Öffnung vollzogen.

Alle sollen eins sein: Wie du, Vater, in mir bist und ich in dir bin, sollen auch sie in uns sein, damit die Welt glaubt, dass du mich gesandt hast. So sollen sie vollendet sein in der Einheit, damit die Welt erkennt, dass du mich gesandt hast und die Meinen ebenso geliebt hast wie mich.

Joh 17,21 und 23

Typisch katholisch? – Typisch evangelisch?

- Es gibt 7 Sakramente.
- Der Papst ist das Oberhaupt, der Nachfolger des Petrus.
- Man unterscheidet die reformierte, lutherische und unierte Kirche.
- Es gibt 2 Sakramente.
- Allein die Bibel, das Wort Gottes, ist der Maßstab für das Leben und die Lehre der Kirche.
- Christen sind allein durch die Gnade Gottes angenommen, nicht durch ihre guten Werke.
- Christen verehren Maria als Mutter Gottes.
- Die Bibel und die Tradition bilden die Lehre der Kirche.
- Jesus ist der Sohn Gottes.

- *Typisch katholisch! – Typisch evangelisch! Schreibe zwei Spalten unter diesen Überschriften in dein Heft und ordne die Merkmale den beiden Konfessionen zu.*
- *Um Gemeinsamkeiten und weitere Unterschiede zwischen katholischen und evangelischen Christen herauszufinden, könnt ihr eine gemeinsame Religionsstunde mit euren evangelischen MitschülerInnen zu diesem Thema organisieren. Vergleicht z.B. Kirchenräume, Feiertage, kirchliche Dienste* und Ämter, Verständnis der Eucharistiefeier ...*
- *Symbole sind Sinnbilder. Gestaltet weitere Symbole für die Ökumene.*
- *Die Bilderfolge „Kirche" erzählt eine Geschichte. Entwerft zu zweit einen Dialog in Sprechblasen dazu.*
- *In euren Gemeinden gibt es sicherlich ökumenische Projekte. Stellt sie euren MitschülerInnen vor. Vielleicht wollt ihr für eine bestimmte Dauer ein Projekt unterstützen.*

Jugend in der Kirche

Vor dem Zweiten Weltkrieg waren in Deutschland über fünf Millionen Jugendliche in Jugendverbänden organisiert. Die Verbände wurden von den Nationalsozialisten zerschlagen. Ab 1933 gab es nur noch die Hitlerjugend.

Nach dem Krieg, 1947, wurde der Bund der Deutschen Katholischen Jugend (BDKJ) gegründet. Eine starke, in freier Willensbildung organisierte katholische Jugend wollte beim Aufbau einer demokratischen Ordnung tatkräftig mitwirken. Heute zählen 15 Kinder- und Jugendverbände zum BDKJ, etwa 650.000 Jugendliche und junge Erwachsene engagieren sich in den Gruppen.

Wir feiern einmal im Monat einen Jugendgottesdienst. Wir gestalten die Texte selbst, stellen die Lieder zusammen. Eine Band unserer Gemeinde spielt meist dabei. Auch vielen Erwachsenen gefällt dieser Gottesdienst.

Sabine, 16 Jahre

Ich war im letzten Jahr bei einer Jugendwallfahrt dabei. Wir waren vier Tage unterwegs und haben auf Matratzenlagern übernachtet. Ich habe noch nie so intensiv über mich selbst nachgedacht und noch nie so eine tolle Gemeinschaft erlebt.

Michael, 16 Jahre

In unserem Pfarrzentrum findet regelmäßig eine Jugenddisco statt. Da gehe ich auf jeden Fall hin. Da ist jedes Mal echt was los, groovige Musik, coole Leute und so ...

Thomas, 14 Jahre

Ich war in den Ferien mit der KJG auf Hüttenfreizeit. Wenn wir dann abends gemeinsam am Lagerfeuer unter dem wunderschönen Sternenhimmel gesungen haben, da hab ich echt manchmal Gänsehaut bekommen.

Simone, 17 Jahre

Ich arbeite im Sachausschuss Jugend des Pfarrgemeinderates mit. Da wird manchmal ganz schön über die Jugendarbeit in unserer Gemeinde gestritten. Wenn es in den Jugendrunden wieder einmal Zoff gegeben hat, muss ich mir ganz schön was anhören.

Alexandra, 17 Jahre

Ich habe letzten Monat an der BDKJ-Sitzung teilgenommen. Da hab ich zum ersten Mal richtig verstanden, was es bedeutet, demokratisch über bestimmte Dinge zu entscheiden.

Sebastian, 15 Jahre

- *In jeder Diözese gibt es eine Geschäftsstelle des BDKJ. Da könnt ihr euch nach den organisierten Jugendverbänden in eurer Diözese und ihren Zielen leicht erkundigen. Eine Broschüre gibt es beim Bundesvorstand des BDKJ, Carl-Mosterts-Platz 1, 40477 Düsseldorf, E-Mail: bundesvorstand@bdkj.de, www.bdkj.de.*
- *Auch in eurer Nähe gibt es einzelne Jugendverbände, wie die Katholische Junge Gemeinde (KJG), die Katholische Landjugendbewegung (KLJB), die Deutsche Pfadfinderschaft St. Georg (DPSG) oder die Kolpingjugend. Teilt sie unter euch auf und sammelt vor Ort Information. MitarbeiterInnen der Pfarrgemeinde oder der zuständige Jugendseelsorger des Dekanats sind dabei die richtigen Ansprechpartner. Bei so einer „Recherche" lernt ihr interessante Menschen kennen.*
- *Jugendliche engagieren und betätigen sich auf vielfältige Weise in den Pfarrgemeinden. Oben findet ihr einige Beispiele. Gut möglich, dass ihr weitere solcher Erfahrungsberichte sammeln könnt.*

Ubi caritas

Ich glaube, die wichtigsten Fragen sollte man klären, solange man jung ist. Deshalb bin ich hier.

Lara, 16 Jahre

Zuerst dachte ich, die haben alle einen Vogel. Aber dann habe ich mich ganz gut gefühlt. Ich kann das gar nicht beschreiben. Die meisten Menschen nehmen sich ja nur vor, irgendwann mal intensiv zu leben. Hier geschieht es einfach so.

Barbara, 17 Jahre

Mich haben die Gemeinsamkeiten unter den Jugendlichen aus aller Welt viel mehr überrascht als die Unterschiede.

Patrick, 18 Jahre

Taizé*

Die Offenheit gegenüber allen Menschen und die Einfachheit des Lebens sind das Geheimnis von Frère Roger, dem Gründer der ökumenischen Gemeinschaft von Taizé. Wer einmal in Taizé war, hat die beeindruckende Atmosphäre der Gebete mit den Brüdern von Taizé erfahren und wird sie nicht vergessen. Das Gebet und die beliebten Gesänge in dieser Gemeinschaft bringen eine tiefe Stille und Konzentration hervor.

Und doch entsteht daraus Bewegung, vielleicht gerade deshalb, weil die Menschen das gemeinsame Beten im Innersten als bewegend erfahren. Aus der Ruhe des Gebetes in Taizé wachsen Aktionen, die die Welt bewegen: Einerseits reisen jedes Jahr um die Hunderttausend vorwiegend junge Menschen zum Europäischen Jugendtreffen in eine andere europäische Metropole. Andererseits leben die Brüder selbst in kleinen Gemeinschaften über die ganze Welt verstreut, um in den Brennpunkten der Not zu arbeiten.

Still werden

Viele Menschen schätzen die Stille eines Kirchenraumes, kommen zum Nachdenken. Kannst du dir vorstellen, dich auf diese Erfahrung einzulassen?

Zusammen singen, gemeinsam schweigen, in Stille beten ... Zeit und Raum könnt ihr euch dafür nehmen, wenn ihr z.B. selbst eine Meditation oder einen Wortgottesdienst* mit meditativen Elementen vorbereitet. Eine angenehme Raumgestaltung, passende Musik und Texte helfen, zur Ruhe zu kommen und den (Kirchen-)Raum intensiver zu erleben.

Laudate omnes gentes

Projekt: Kirche

Steckbriefe: Menschen in der Nachfolge vorstellen

Hildegard* von Bingen, Franz Jägerstätter*, Pfarrer Kneipp*, Papst Johannes* XXIII., Mutter Teresa*, Oscar Romero*, Roger Schutz*, Dorothee Sölle* ... waren beeindruckende Menschen der Kirchengeschichte, die sich unterschiedlich im Dienst der Kirche einsetzten.

Erstellt in Gruppen Steckbriefe von diesen und weiteren Persönlichkeiten.
Besprecht zunächst, wo ihr Information findet, wie ihr sie ordnen und präsentieren möchtet.

Papst Johannes XXIII.

Franz Jägerstätter

Dorothee Sölle

Oscar Romero

Roger Schutz

Ein ökumenisches Projekt planen

Auf Infoseite 29 habt ihr Gemeinsamkeiten und Besonderheiten der christlichen Konfessionen und die Bedeutung der Ökumene kennengelernt.
Plant mit euren evangelischen MitschülerInnen ein ökumenisches Projekt. Euren Ideen sind dabei keine Grenzen gesetzt: Jugendveranstaltung, Aktion mit Spenden bzw. Erlös für Hilfsbedürftige, ökumenische Hilfsprojekte unterstützen, einen ökumenischen Gottesdienst feiern, einen Bibelabend veranstalten ...

Ich wünsche mir eine Kirche ...

Es gibt sicherlich einige Dinge, die ihr gern an der Kirche verändern würdet. Führt unter dem Motto „Ich wünsche mir eine Kirche ..." in eurer Schule eine Umfrage durch. Ihr könnt gut begründete Meinungen auch auf Video festhalten.
Wünschen ist gut – selbst handeln ist besser!
Vergesst nicht, zu notieren, was ihr selbst tun könnt.
Bestimmt interessieren sich eure MitschülerInnen auch für die Ergebnisse dieser Aktion. Organisiert dazu eine Ausstellung im Schulhaus.
Vielleicht möchtet ihr eure Wünsche und Vorschläge auch dem Bischof (Brief, E-Mail) mitteilen?

Was ist in unserer Gemeinde los?

Eine Pfarrgemeinde* besteht aus vielen verschiedenen Personen, die erst zusammen eine Gemeinschaft und eine funktionierende Kirchengemeinde bilden. Besonders die ehrenamtlichen Gemeindemitglieder geben, neben den hauptberuflichen Personen, ihrer Gemeinde einen besonderen und eigenen Charakter. Wie sieht das Gemeindeleben bei euch aus? Erstellt einen „Prospekt“ oder „Flyer“ über eure Gemeinde. Darin solltet ihr grundlegende Information über eure Gemeinde zusammentragen:

- wichtige Personen über ihre Arbeits-/Tätigkeitsfelder interviewen,
- verschiedene Gruppen vorstellen,
- Aktionen und Veranstaltungen auflisten oder auf Fotos zeigen,
- Besonderheiten der Gemeinde darstellen.

Es kann hilfreich sein, verschiedene Menschen aus dieser Gemeinde zu befragen oder sie in den Unterricht einzuladen, um genaue und persönliche Information einzuholen.

Plant euer Vorgehen gemeinsam: Wer wird welche Information wie beschaffen? Wie wollt ihr sie anschaulich in eurem Prospekt darstellen?

Wo zwei oder drei

T: Mt 18,20/M: Kommunität Gnadenthal

Let the sun shine in

Corita Kent, 1968

- *Schwester Corita Kent ist eine US-amerikanische Nonne und Malerin. Überlegt, was die Aufforderung im Titel ihres Bildes für die Kirche bedeuten kann.*
- *Auch Jugendliche können etwas tun ...*

3 Hoffen über den Tod hinaus

Ein Tag im Sommer

Tim starb am 10. August bei einem Verkehrsunfall in Italien. Kai verlor seinen großen Bruder. Sandra verlor ihren Freund. Und Wolfgang saß am Steuer.

Wolfgang (18)

EIN TAG IM SOMMER. Ein, zwei Sekunden nur, das Auto hat plötzlich geholpert und vibriert. Ich war von der Straße abgekommen. Ich habe geschrien, es hat einen Rums gegeben. Überall ist Dreck geflogen. Noch ein Rums, dann sind wir gestanden. Sandra und Daniel waren schon aus dem Auto gestiegen, als ich zu mir kam. Ich bin auch raus. Das Erste, was ich sah, war Tim, wie er dalag auf dem Kofferraum. Es war wie in Trance, ich habe versucht, das Blut zu stoppen. Nur nicht rumstehen, dachte ich, helfen, irgendwie helfen. Ich habe gezittert und musste so schnell atmen, es war so heiß. Sandra und Daniel haben einen Autofahrer angehalten, er hat die Polizei gerufen. Irgendwann kam ein Krankenwagen, der hat uns alle mitgenommen. Mein einziger Gedanke: Was ist mit Tim? Tim, lieber Tim. Im Krankenhaus erfuhren wir die Wahrheit. Der Leichenbeschauer brachte uns schließlich in ein Hotel. Die Eltern waren bereits verständigt. Wir konnten nichts tun als warten und reden. Wir haben uns ausgesprochen, uns gegenseitig zugehört und getröstet. Einen Tag und eine Nacht lang. Das hat gutgetan. Am nächsten Tag waren endlich meine Eltern da. Endlich.

DIE TAGE DANACH. Ich weiß nicht, ob das von unseren Eltern strategisch so gelegt wurde, aber die ersten drei Tage waren vollgepackt mit Action. Die ganze Zeit, nonstop. Die Familien haben sich ständig getroffen und wir haben ununterbrochen geredet ... Sandra, Daniel und ich haben abwechselnd beieinander übernachtet, zusammen gegessen, zusammen den ganzen Tag verbracht.

DIE BEERDIGUNG. Ich habe Tims Eltern die Hand gegeben. Es war ein so kurzer Moment. Aber ich konnte ihnen nicht in die Augen schauen. Da kamen plötzlich so viele Emotionen hoch, und ich konnte nichts dagegen tun. Ich hab mich total hilflos gefühlt, ich wollte ihnen doch nie wehtun. Nie. Jetzt weiß ich, dass sie mich hassen. Ich kann mit dieser Wahrheit schon leben, aber genau deswegen will ich sie auch nicht wiedersehen. Mit Kai kann ich noch reden, aber das ist auch etwas anderes. Leicht ist es trotzdem nicht.

IM DEZEMBER. Als ich versuchte, mich das erste Mal wieder hinters Lenkrad zu setzen, wurde mir ganz übel. Im Moment fahre ich lieber mit dem Zug. Es hat sich einiges geändert. Ich denke jetzt irgendwie anders über das Leben. Ich will meine Zeit nicht mehr verschwenden. Vielleicht ist es bei mir schon paranoid. Aber ich will nicht mal mehr zwei Sekunden sinnlos verschenken, mein Leben ist mir dafür viel zu viel wert. Ich habe nur eines. Und das will ich so leben, wie ich es will. So, dass es sinnvoll ist. Man liest jeden Tag in der Zeitung von Unfällen, von Verletzten und Toten. Aber das berührt einen nicht, weil es viel zu weit weg ist. Erst wenn dir selbst so etwas passiert, dann weißt du plötzlich, es kann jederzeit Klick machen – und alles ist vorbei. Ich habe keine Angst davor, dass es irgendwann

Klick bei mir macht, ich habe nur davor Panik, dass ich dann das Gefühl habe, irgendwas in meinem Leben verpasst zu haben. Das kannst du dann nicht mehr rückgängig machen. Darum lebe ich jetzt intensiver, ich nehme die Menschen um mich herum intensiver wahr. Ich laufe durch die Stadt und beobachte stundenlang nur Menschen – ihre Gestik, ihre Bewegungen, wie sie reden oder sich benehmen. Und es tut gut zu wissen, dass sie nichts von meinen Problemen wissen und ich nichts von ihren. Irgendwann werde ich dem Tim wieder begegnen. Irgendwo ganz sicher.

FÜR IMMER UND EWIG. Er war mein bester Freund. Wir haben einfach zusammengepasst. Ich konnte ihn immer spontan für etwas begeistern. Genau das habe ich so an ihm geschätzt. Tim ist mir nie auf den Wecker gegangen. Ich habe ihn fast jeden Tag gesehen, er war der einzige Freund, den ich so richtig gemocht habe. Ich vermisse den Tim sehr, jeden Tag. Immer. So einen Freund wie ihn gibt's nicht mehr. Wird es nie wieder geben. Man hat nur einmal so ein Glück. Und wenn es weg ist, dann ist es weg. Und jetzt ist es weg. Damit habe ich mich abgefunden.

WAS WERDEN WIR SEIN
in hundert Jahren?
Der Erde vermählt
und Gott anvertraut,
zwei Hände
voll zärtlichem Staub.

Christine Busta

Der Tod meines Bruders

Vor 10 Jahren habe ich meinen Bruder verloren. An diesem Tag ist für meine Familie und mich eine Welt zusammengebrochen. Wir haben lange gebraucht, um darüber hinwegzukommen. Es war eine sehr schlimme Zeit.
So etwas möchte ich nie wieder durchmachen.
Heute gehen meine Familie und ich regelmäßig auf den Friedhof und besuchen das Grab.

Marco, 16 Jahre

- *Menschen, die den Tod von Angehörigen oder Freunden erleben, sind traurig und verletzlich. Findet Sätze oder Gesten, die in solchen Augenblicken guttun.*
- *Teilt euch in Gruppen auf. Sucht Formen und Symbole, die Abschiednehmen, Erinnerung und Mitgefühl ausdrücken. Tragt eure Ideen zusammen.*

Deine eigenen Erfahrungen erkunden

Auf welche Weise bist du selbst schon mit dem Tod konfrontiert worden? Nimm dir Zeit, allein darüber nachzudenken und deine Erfahrungen zu notieren. Wer mag, kann anschließend die Notizen in der Klasse vorlesen. Sie können für andere hilfreich sein, die sich mit dem schwierigen Thema „Tod" schwertun.

Todesanzeigen untersuchen

Sammelt Todesanzeigen aus verschiedenen Tageszeitungen und untersucht sie genauer: Welche Formulierungen werden verwendet, um die Worte „Tod" oder „Sterben" zu umschreiben? Welche Absicht könnte dahinter stehen? Wodurch wird etwas vom Verhältnis der oder des Verstorbenen zu den Verwandten und Freunden im Text der Anzeige erkennbar? Wie deuten die Verfasser der Anzeige den Tod der oder des Verstorbenen? Beschreibt, wie ihre Einstellungen zum Tod, ihre Ängste und Hoffnungen oder ihr Glaube sichtbar werden. Wählt je eine Anzeige aus, die euch besonders bzw. überhaupt nicht anspricht, und begründet eure Entscheidung.

Den letzten Koffer packen

Stell dir vor, du würdest zu deiner letzten Reise aufbrechen und könntest einen Koffer mit den wichtigsten Dingen mitnehmen. Überlege, was du einpacken möchtest. Welche Dinge wären dir besonders wichtig? Zeichne diesen Koffer und schreibe hinein, was du mitnimmst.
Was nimmst du von heute für den Rest deines Lebens (vgl. 50) mit?

Der Palmbaum

Durch eine Oase ging ein finsterer Mann. Er konnte nichts Gesundes und Schönes sehen, ohne es zu verderben.
Am Rand der Oase stand ein junger Palmbaum im besten Wachstum. Der stach dem finsteren Mann in die Augen. Da nahm er einen schweren Stein und legte ihn der jungen Palme mitten in die Krone. Mit einem Lachen ging er weiter.
Die junge Palme schüttelte sich und bog sich und versuchte die Last abzuschütteln. Vergebens. Zu fest saß der Stein in ihrer Krone. Da krallte sich der junge Baum tiefer in den Boden und stemmte sich gegen die steinerne Last. Er senkte seine Wurzeln so tief, dass sie die verborgene Wasserader der Oase erreichten, und stemmte den Stein so hoch, dass die Krone über jeden Schatten hinausreichte. Wasser aus der Tiefe und Sonnenglut aus der Höhe machten eine königliche Palme aus dem jungen Baum.
Nach Jahren kam der Mann wieder, um sich an dem Krüppelbaum zu freuen. Er suchte vergebens. Da senkte die stolzeste Palme ihre Krone, zeigte den Stein und sagte: „Ich muss dir danken, deine Last hat mich stark gemacht."

Findet Beispiele, wie Menschen an Aufgaben, Problemen und Schwierigkeiten wachsen können.
Zeichne eine stolze Palme, in deren Krone deine Belastungen als Steine liegen. Trage in die Wurzeln ein, was dir Kraft gibt.

Was meinst du?

Wie denkst du über das Sterben, den Tod? Gibt es ein Weiterleben? Was sind deine Befürchtungen, Hoffnungen und Wünsche? Schreibe deine Gedanken nieder: in einfachen Sätzen, einem Gedicht oder einer kleinen Erzählung.

Manchmal fehlen die richtigen Worte, gerade dann, wenn viele Gefühle da sind, wie Trauer oder Angst. Dann ist es erleichternd, sie als Bild zu malen oder in einer Collage aus Wörtern auszudrücken.

Lebenswert!

„Warum es sich diese Woche zu leben lohnt“

Unter dieser Überschrift finden sich wöchentlich viele Zuschriften in einem Jugendmagazin. Was fällt dir dazu ein? Schreibe es auf und tauscht euch darüber aus.

Ihr könnt eine Wandzeitung damit gestalten und diese immer wieder ergänzen.

Eine Auferstehungskerze gestalten

Das Licht einer Kerze ist ein Symbol für die Hoffnung und Auferstehung.

Gestaltet eine Hoffnungskerze mit Wachsplatten. Welche Hoffnungssymbole könnt ihr dazu verwenden?

Ihr könnt die Kerze bei besonderen Gelegenheiten in der Klasse anzünden.

Uta Helene Götz, 1990

Memento mori (lat.) heißt: „Gedenke, dass du sterben musst.“ Immer wieder wurden in der Vergangenheit Memento-mori-Bilder gemalt. Meistens sind Menschen mit einem Totenkopf oder einem Skelett dargestellt. Das soll an die Vergänglichkeit des Lebens erinnern: Der Mensch, der sich bewusst ist, dass er nicht ewig lebt, sondern sterben muss, lernt, was im Leben wirklich zählt.

Überlege, was in deinem Leben wichtig ist. Wenn ein Jugendlicher wüsste, dass er noch ein Jahr zu leben hätte – was könnte für ihn in der verbleibenden Zeit wertvoll sein und Bedeutung haben? Betrachte dazu das Plakat Stellungnahmen 50.

Sucht im Lexikon Memento-mori-Bilder aus der Vergangenheit und vergleicht sie mit dem heutigen Memento-mori-Bild von Uta Helene Götz.

Leben, Tod und Hoffnung lassen sich auf unterschiedliche Weise darstellen.

Wie könnte dein eigenes Memento-mori-Bild aussehen?

Kranke begleiten …

Krankensalbung

Ein wichtiger Dienst der christlichen Gemeinden an den Kranken ist die Krankensalbung*. Sie wird in einem Gottesdienst mit der Gemeinde oder im Zusammenhang mit der Krankenkommunion zu Hause oder im Krankenhaus gespendet. Der Priester legt der oder dem Kranken die Hände auf, wie Jesus es getan hat. Danach salbt der Priester mit geweihtem Öl der oder dem Kranken die Stirn und Hände und spricht dabei ein Segensgebet (vgl. Gotteslob Nr. 76).
Menschen, die die Salbung an sich geschehen lassen, vertrauen sich damit dem Handeln Gottes an und erhoffen sich Kraft und Trost.

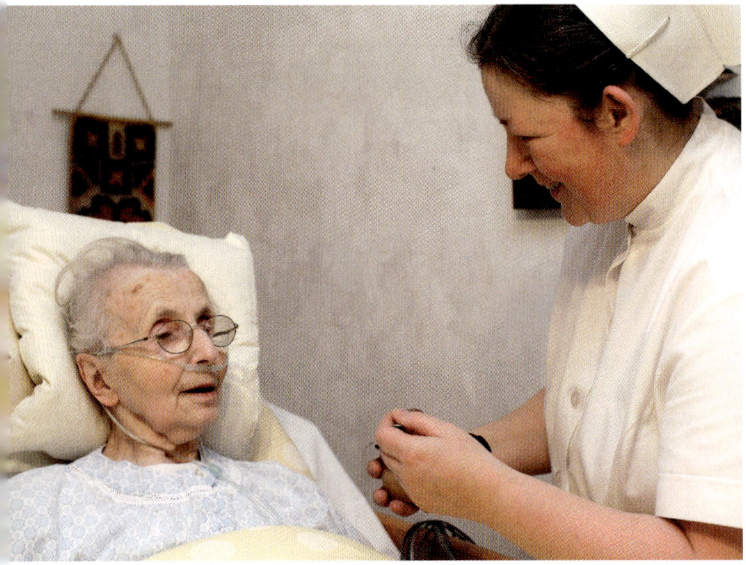

Krankengebet

Zur Salbung der Kranken heißt es im Jakobusbrief (Jak 5,14-15): „Ist einer von euch krank? Dann rufe er die Ältesten der Gemeinde zu sich; sie sollen Gebete über ihn sprechen und ihm im Namen des Herrn mit Öl salben. Das gläubige Gebet wird den Kranken retten, und der Herr wird ihn aufrichten; wenn er Sünden begangen hat, werden sie ihm vergeben."
Für den Kranken könnte folgendes Segensgebet gesprochen werden:

Der Herr segne und behüte dich.
Er lasse sein Angesicht über dir leuchten
und schenke dir seinen Frieden.
Er erfülle dich mit seiner Liebe.
Er sei in dir als die Quelle, die nie versiegt.
Er sei unter dir als die Hand, die dich hält.
Er sei über dir als ein schützendes Dach,
das alles Bedrohliche von dir abhält.
Er sei in deiner Schwäche und in deiner Kraft,
in deiner Ohnmacht und in deiner Hoffnung.
Er sei mit dir, wohin dein Weg auch geht.
Er durchdringe dein Herz mit seiner zärtlichen
Liebe. Amen.

Anselm Grün

- *Kranke zu begleiten, hat die Kirche immer als eine wichtige Aufgabe begriffen. Im Gotteslob Nr. 76 findest du die Feier der Krankensalbung*. Lies die Salbungsworte und schreibe auf, was den Kranken zugesagt wird. Gestalte die Zusagen schön auf einer Karte, die du einem kranken Menschen in deiner Umgebung schenken kannst.*
- *Kranke besuchen – Kranke begleiten: Sprecht über den Unterschied.*
- *Diese Doppelseite lässt sich gut in Verbindung bringen mit Kap. 8: Achtsam mit dem Leben umgehen.*

... Trauernde trösten

Sarg

Der Verstorbene wird in den Sarg „gebettet". Seine Augen sind geschlossen, er ist mit einem schönen Gewand bekleidet. Die Hände sind zum Gebet gefaltet, oft mit einem Rosenkranz oder Sterbekreuz. Kinder werden in einem weißen Sarg bestattet. In früheren Zeiten wurden sie mancherorts mit Totenkränzen bzw. Totenkronen geschmückt. Die Angehörigen nehmen vor dem aufgebahrten Toten Abschied.

Begräbnis

Im Begräbnis wird die oder der Verstorbene geehrt und der Erde zurückgegeben.

Priester: Wir übergeben den Leib der Erde.
Christus, der von den Toten auferstanden ist,
wird auch unseren Bruder/unsere Schwester
zum Leben erwecken.

Der Priester sprengt Weihwasser über den Sarg:
Im Wasser und im Heiligen Geist
wurdest du getauft.
Der Herr vollende an dir,
was er in der Taufe begonnen hat.

Er beräuchert den Sarg mit Weihrauch:
Dein Leib war Gottes Tempel.
Der Herr schenke dir ewige Freude.

Er wirft Erde auf den Sarg:
Von der Erde bist du genommen
und zur Erde kehrst du zurück.
Der Herr wird dich auferwecken.

Der Priester steckt das Kreuz in die Erde oder macht ein Kreuzzeichen über das Grab:
Das Zeichen unserer Hoffnung, das Kreuz unseres
Herrn Jesus Christus, sei aufgerichtet über
deinem Grab.

Am Ende der Feier verabschieden sich Angehörige und Freunde von der oder dem Toten, indem sie, vor dem Grab stehend, Blumen und Erde auf den Sarg werfen oder ihn mit Weihwasser besprengen und sich mit einem kurzen Gebet oder einem Gedanken verabschieden. Oft stehen am Schluss die Worte:
Ruhe in Frieden.

Der Höhepunkt eines Begräbnisses ist die Eucharistie als Auferstehungsfeier.

Totengedenken

Am Todestag oder Geburtstag wird der oder des Verstorbenen gedacht. Man kann eine Kerze mit dem Bild des Verstorbenen aufstellen, ein Gebet sprechen und Geschichten aus seinem Leben erzählen.

Allerheiligen, Allerseelen

Am 1. November feiert die Kirche das Fest Allerheiligen, am 2. November das Fest Allerseelen. Bereits am Nachmittag des 1. November gehen die Angehörigen auf den Friedhof, um ihre Toten zu besuchen und am Grab zu beten. Seit dem Mittelalter ist es Brauch, nachts eine Kerze oder eine Laterne brennen zu lassen. Die Gräber werden in Ordnung gebracht und mit Blumen, Zweigen, Kränzen und Lichtern geschmückt.

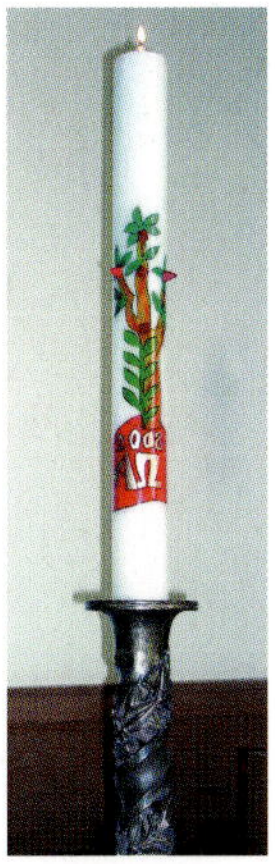

- *Informiert euch über den genauen Ablauf der Begräbnisfeier im Gotteslob Nr. 81-91.*
- *Schlagt im Gotteslob die Lieder unter der Überschrift „Tod und Vollendung" Nr. 652-664 nach. Wählt diejenigen aus, die vor dem Sarg eines geliebten Menschen am besten die Gefühle und Gedanken der Trauernden sowie Trost und Hoffnung zum Ausdruck bringen können.*
- *Beim Requiem* eines Verstorbenen wird die Osterkerze entzündet. Sie weist auf die Überwindung des Todes hin. Deutet die Zeichen und Farben auf der Osterkerze auf* 157.
  Zeichne einen Entwurf mit Symbolen und Formen, den du dann auf eine Kerze überträgst.
- *Im Lexikon könnt ihr euch über die Sterbephasen* und die Stufen des Trauerprozesses informieren. Ein Rollenspiel kann euch mehr Sicherheit im Umgang mit trauernden Menschen geben.*

Ich glaube an die Auferstehung der Toten

In einem der Briefe des Apostels Paulus findet sich das älteste Bekenntnis der Auferstehung:

Christus ist für unsere Sünden gestorben,
gemäß der Schrift,
und ist begraben worden.
Er ist am dritten Tag auferweckt worden,
gemäß der Schrift, und erschien dem Kephas, dann den Zwölf.
Danach erschien er mehr als fünfhundert Brüdern zugleich; die meisten von ihnen sind noch am Leben, einige sind entschlafen. Danach erschien er dem Jakobus, dann allen Aposteln. Als letztem von allen erschien er auch mir, dem Unerwarteten, der „Missgeburt". Denn ich bin der geringste von den Aposteln; ich bin nicht wert, Apostel genannt zu werden, weil ich die Kirche Gottes verfolgt habe.

1 Kor 15,3-9

Im Apostolischen Glaubensbekenntnis bekennen die Christen:

Ich glaube an Jesus Christus, ...
gelitten unter Pontius Pilatus,
gekreuzigt, gestorben und begraben,
hinabgestiegen in das Reich des Todes,
am dritten Tage auferstanden von den Toten,
aufgefahren in den Himmel;
er sitzt zur Rechten Gottes, des allmächtigen Vaters;
von dort wird er kommen,
zu richten die Lebenden und die Toten.
Ich glaube ... an die Vergebung der Sünden,
Auferstehung der Toten und das ewige Leben.
Amen.

- *Gläubige zu allen Zeiten erfuhren: Jesus lebt. Sein Tod am Kreuz war nicht sinnlos. Die Macht der Liebe ist stärker als der Tod. Sie bekennen: Christus ist auferstanden. Immer wieder wurde in Geschichten, Bildern und Liedern versucht, die Auferstehung bildlich darzustellen.*
- *Vergleicht zwei der Auferstehungserzählungen aus den Evangelien: Mk 16,1-8; Mt 28,1-8; Lk 24,1-12; Joh 20,1-10. Was ist ihnen gemeinsam? Worin unterscheiden sie sich?*

Fresko im Chora-Kloster in Konstantinopel, heute Istanbul, Anfang 14. Jh.

- *Betrachtet das Fresko aus dem 14. Jh. Die Auferstehung der Toten wird hier mit dem Griff ans Handgelenk versinnbildlicht: Christus zieht Adam und Eva aus der Hölle* zu sich in den Himmel*.*
  Achtet auf die Darstellung von Christus: Was betont der Künstler?

Jenseitsvorstellungen der Religionen

Im Judentum

Für gläubige Juden bedeutet der Tod kein endgültiges Scheiden. Deshalb wird der Friedhof oft „Haus des Lebens“ oder „Guter Ort“ genannt. Die Toten „schlafen“ im Staub der Erde, bis sie von Gott aufgrund seines großen Erbarmens wieder belebt werden. Die Juden kennen keine Trennung von Leib und Seele, sondern sehen diese als Einheit. Etwa seit dem 3. Jh. v.Chr. wird in den prophetischen Schriften die Auferstehung als große Hoffnung formuliert.

Im Islam

Wer Gutes tut, kommt in den Himmel, die Sünder werden in ewige Feuerpein gestoßen. Für die Beurteilung der Menschen im Weltgericht gilt vor allem die Befolgung der fünf Grundpflichten des Islams. In einem Bild ausgedrückt bedeutet dies: Unser Leben ist der Weg zum Paradies. Wenn wir Allah bezeugen und regelmäßig zu Allah beten, liegt der halbe Weg hinter uns. Wenn wir fasten, kommen wir bis an die Pforte des Paradieses. Wenn wir armen Menschen Almosen geben, wird uns der Eingang geöffnet. Wenn sich der Mensch für seinen Glauben an Allah eingesetzt hat und einmal im Leben zum Heiligtum nach Mekka gepilgert ist, dann wird er nach seinem Tod im Paradies weiterleben. Das Paradies stellen sich Muslime als einen wunderschönen schattigen Garten vor, in dem ewiger Frühling herrscht.

Im Hinduismus

Die höchste Gottheit ist *Brahman*, der Weltgeist. Der Mensch muss immer wiedergeboren werden, bis sich seine Seele *Atman* gereinigt hat und sich so mit der Weltseele *Brahman* verbinden kann. Die Seele steigt nach dem Tod auf oder ab, je nachdem, wie sie sich im Leben bewährt hat (vgl. Karma*). Sie wohnt auf ihrem Weg in Pflanzen, Tieren und Menschen, bis sie schließlich ihr Ziel erreicht. *Atman* und *Brahman* vereinigen sich, wie sich ein Tropfen Wasser mit dem Meer verbindet.

Im Buddhismus

Der Buddhismus kennt die Vorstellung von der Wiedergeburt*. Der Mensch muss wiedergeboren werden, um immer selbstloser zu werden. Nur so kann er dem Leiden der Welt entfliehen. Ursache allen Leidens ist nach der Lehre Buddhas die Lebensgier. Durch Entsagung kann der Mensch Zufriedenheit und Glück erlangen. So ist eben das Nichts die höchste Erlösung, das Nirwana*.

Durch früheren Lebens Werke wird die Seele stets wiederum mit neuem Leib geboren und wiederum durch neuen Lebens Werke. So ist der Leib das stete Los der Seele. Gleich wie man alte abgetragene Kleider ablegt und neue wieder anzieht, so legt den alten Leib die Seele nieder, um neuen Leib sich wieder anzulegen.

Bhagavadgita II,22

- *Vergleicht die Jenseitsvorstellungen der Religionen miteinander.*
- *Wie kannst du das Verständnis der Reinkarnationslehre* der fernöstlichen Religionen mit deinen Worten für Freunde oder Verwandte formulieren und ihnen erklären, worin der Unterschied zum christlichen Auferstehungsglauben liegt?*
- *Wer den Buddhismus näher kennenlernen möchte, sollte Kap. 7 hinzuziehen.*
- *Für das Leben nach dem Tode gibt es in vielen Religionen Vorstellungen von einem „glücklichen“ oder einem „qualvollen“ Ort (Hölle*, Fegefeuer*, Himmel*). Ihr könnt die Begriffe in den Texten den jeweiligen Orten zuordnen.*

Weiterleben nach dem Tod?

Die Lehre von der Reinkarnation, der Wiederverkörperung oder Wiedergeburt*, stammt aus dem Hinduismus und Buddhismus. Sie ist eine der ältesten Antworten auf die Frage nach dem Weiterleben über den Tod hinaus. Oft spricht man auch von Seelenwanderung. Der vergängliche Leib wird gewechselt, und die Seele wandert in eine andere äußerliche Hülle. In den indischen Religionen bestimmen die Folgen der jetzigen guten oder schlechten Taten die Lebenssituation eines Menschen im nächsten Leben.
Die Bibel beschreibt das Leben nach dem Tod in Bildern, die ein glückliches Leben „bei Gott“ zeichnen. Die Christen glauben an die Einmaligkeit der menschlichen Person und des menschlichen Lebens. Jeder Mensch erlebt seine leibhaftige Auferstehung.

Herbert Falken, 1984

■ *Im Bild oben setzte sich der Künstler Herbert Falken mit dem Tod eines Freundes auseinander. Beschreibt einander in Partnerarbeit, welche Gefühle dieses Ölgemälde in euch weckt. Denkt euch Titel für das Bild aus, vergleicht sie und sucht einen passenden aus.*

Hab keine Angst

Hab keine Angst, denn ich erlöse dich.
Ich rufe dich beim Namen, du bist mein.

Für diese Welt ist ein Leben zu Ende,
für den, der glaubt, hat ein Leben begonnen.
Jetzt weinen wir, da wir ihn nicht mehr haben,
der unser war und den wir nicht mehr sehen.

Wir suchen ihn bei dem Schöpfer des Lebens,
denn er hat uns diesen Menschen gegeben.
Er gab ihn uns und er hat ihn genommen,
wir danken Gott, dass er unser gewesen.

Auch wer da stirbt, bleibt in unserer Mitte,
er geht voraus, und wir werden ihm folgen.

So sterben wir, um verwandelt zu werden,
und unser Gott wird uns rufen zum Leben.

Hab keine Angst, denn ich erlöse dich.
Ich rufe dich beim Namen, mein bist du.

Lothar Zenetti

Wenn ihr den Text „Hab keine Angst" lest, könnt ihr aufschreiben, weshalb sich Christen nicht zu fürchten brauchen.
Das Gedicht erinnert an die biblischen Worte in Jes 43,1. Bei Jesaja könnt ihr noch andere Worte finden, die zur Überschrift „Hab keine Angst" passen: z.B. Jes 41,10; 42,3-7. Schreibt die Verse einzeln auf Zettel, teilt sie unter euch aus und lest sie laut vor. Achtet auf die Wirkung der Worte. Vielleicht möchtet ihr die Sätze schön auf DIN-A3-Blättern gestalten und an verschiedenen Stellen im Klassenzimmer aufhängen.

Welcher Engel wird uns sagen

T: Wilhelm Willms
M: Hans-Jörg Böckeler

2. Welcher Engel wird uns zeigen,
   wie das Leben zu bestehen?
   Welcher Engel schenkt uns Augen,
   die im Keim die Frucht schon sehn?

3. Welcher Engel öffnet Ohren,
   die Geheimnisse verstehen?
   Welcher Engel leiht uns Flügel,
   unsern Himmel einzusehn?

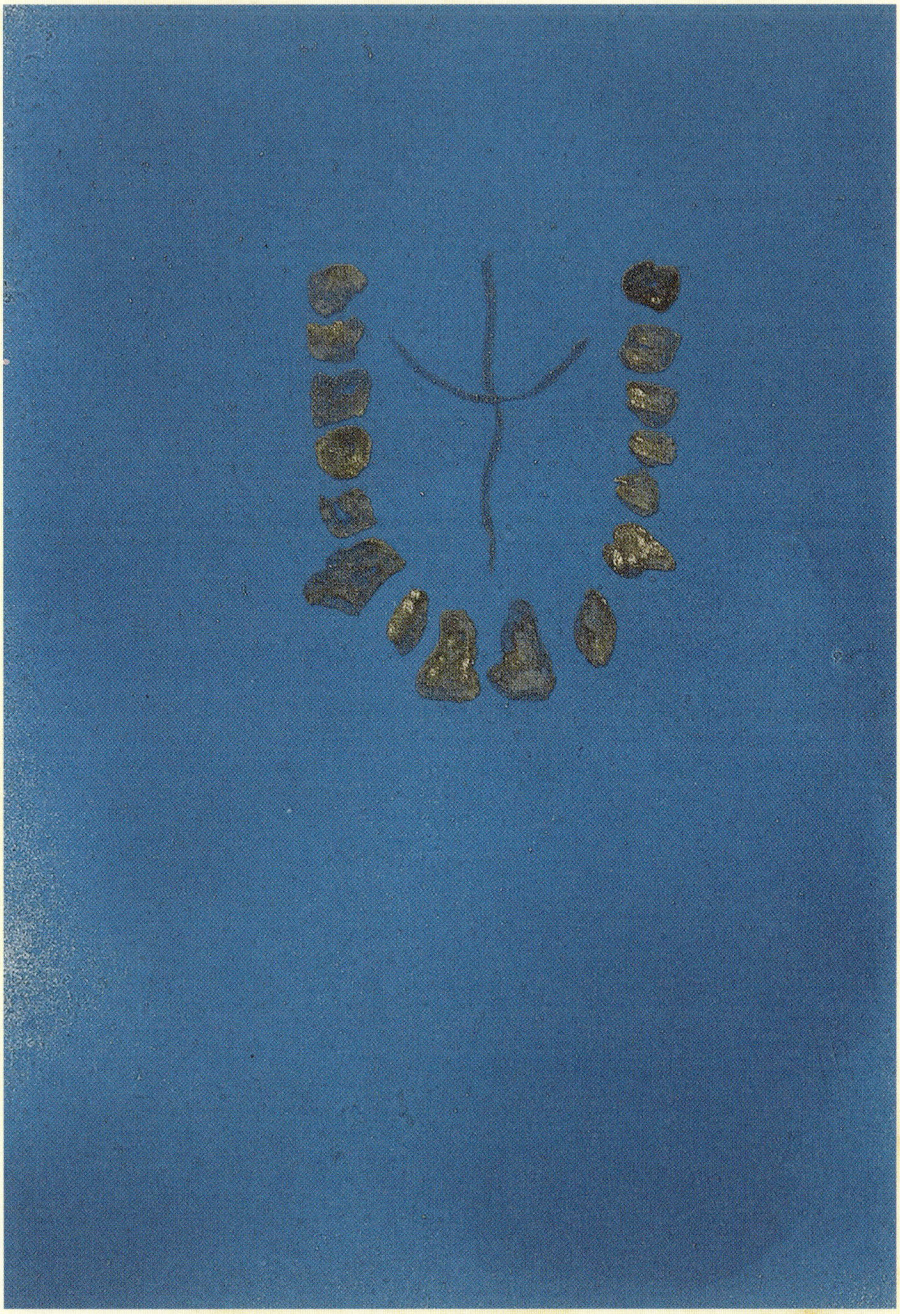

Rosemarie Trockel, 1984

Betrachte diese Darstellung eine lange Zeit in Stille. Zeichne eine Skizze in dein Heft und notiere, was dir dazu eingefallen ist.
Übertragt auf dieses Bild, was ihr im Lexikon zum Stichwort Mandorla* erfahrt.

Hoffnungszeichen finden

Herzliche Anteilnahme

Wenn in der Verwandtschaft oder im Freundeskreis jemand stirbt, drückt man seine Anteilnahme und sein Mitgefühl durch eine sogenannte Kondolenzkarte aus.
Vergleicht solche Karten im Schreibwarengeschäft. Was drücken sie aus?
Gestaltet selbst solche Karten und sucht passende Worte dazu in der Bibel oder in Gedichten und Aussagen bedeutender Menschen.

Kreuze am Wegrand

Immer wieder findet man Wegkreuze* an Feldwegen oder Waldrändern. Sucht die Wegkreuze oder Bildstöcke eurer Gemeinde auf und fotografiert sie. Welche Hoffnung drücken die Inschriften aus? Vielleicht findet ihr heraus, aus welchem Anlass die Kreuze aufgestellt wurden.

- Erkundigt euch beim Archiv der Pfarrgemeinde oder beim Stadtarchivar, ob es alte Aufzeichnungen dazu gibt.
- Stellt eine Präsentation zusammen und zeigt sie euren MitschülerInnen.
- Vielleicht möchtet ihr euer Projekt auch der Pfarrgemeinde vorstellen?

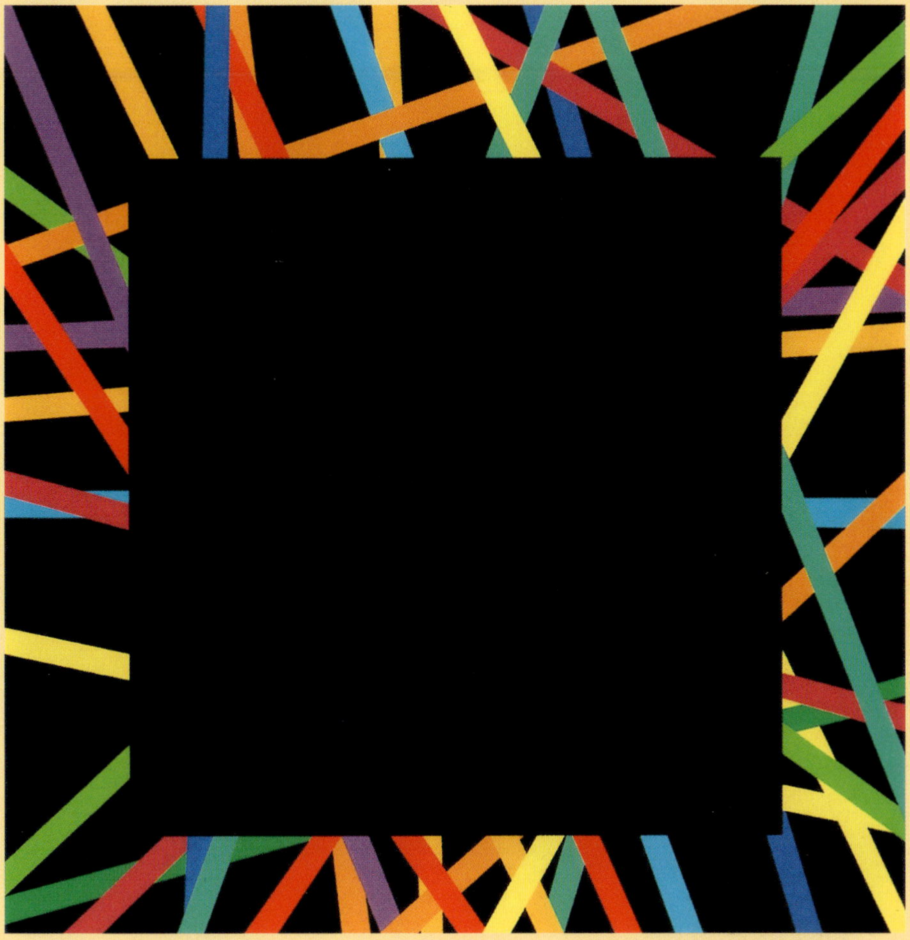

Susanne Pertiet, 1999

Mitten im Leben ein dunkles Loch:
Das Reich des Todes.
Wie abgeschnitten sind die farbigen
Lebenswege.

Jesus durchkreuzt den Tod,
die Angst, das Aus.
Mit seinem Sterben am Kreuz
und seiner Auferstehung am Ostermorgen
eröffnet er Perspektiven der Hoffnung.

Seine Liebe ist stärker als der Tod.
Er macht alles neu.
Die Farbspuren des Lebens gehen weiter.
Das Dunkel verschluckt sie nur scheinbar.
Unsichtbar setzen sie sich fort.

Als Christen dürfen wir gewiss sein:
Wir sehen uns wieder!

- Bildet Gruppen. Betrachtet die Kunstgrafik schweigend. Legt dann ein unbeschriebenes Blatt Papier in die Mitte. Wer seinen Eindruck mitteilen möchte, schreibt einen Satz oder Stichwörter auf das Blatt. Tauscht euch anschließend in der Gruppe und auch in der Klasse aus.
- Das Bild trägt den Titel „Durchkreuzt". Denkt an andere durchkreuzte Lebenssituationen. Wie würdet ihr sie darstellen? Vielleicht möchtet ihr dazu selbst Grafiken herstellen und sie im Klassenzimmer ausstellen.

Schwester Corita Kent, 1971

- *Deutet die Aussage des Bildes von Schwester Corita.*
- *Schreibt für euch selbst auf, was der Text des Bildes für eure Lebensplanung und Lebensgestaltung bedeutet.*
- *Vielleicht möchtet ihr den Text des Bildes für euch persönlich gestalten und in eurem Zimmer aufhängen.*

4 Gerechtigkeit schaffen (in) Frieden leben

1,1 MILLIARDEN
MENSCHEN LEBEN IN ABSOLUTER ARMUT.
840 MILLIONEN
MENSCHEN SIND UNTERERNÄHRT.
3 MILLIONEN
MENSCHEN STERBEN JEDES JAHR AN AIDS.
JEDE 48. GEBURT
IN DEN ENTWICKLUNGSLÄNDERN FÜHRT ZUM TOD DER MUTTER.
77 MILLIONEN
KINDER KÖNNEN AUS ARMUT NICHT ZUR SCHULE GEHEN.
MEHR ALS 1 MILLIARDE
MENSCHEN HABEN KEINEN AUSREICHENDEN ZUGANG ZU SAUBEREM TRINKWASSER.
UND ALLE DREI SEKUNDEN
STIRBT EIN KIND AN DEN FOLGEN EXTREMER ARMUT.

Flucht vor dem Hunger
Flüchtlingselend vor Europas Küsten

Pro-Kopf-Verschuldung immer höher
Auch Jugendliche zunehmend betroffen

Herr,
weißt du, wie das ist:
wenn man arbeiten will
und nicht darf.
Hilf mir,
dass ich Arbeit finde
und dass ich auch
gebraucht werde!
Amen.

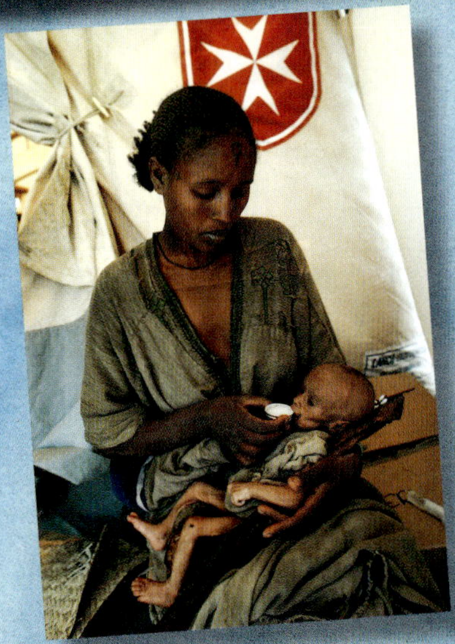

Hättest nicht auch du mit jenem, der gemeinsam mit dir in meinem Dienst steht, Erbarmen haben müssen?
Mt 18,3

Viele Alleinerziehende leben unter der Armutsgrenze

Global denken – lokal handeln

Kehrt um!

Umkehr zu Gott bedeutet heute eine Verpflichtung, einen Weg zu suchen heraus
- aus den Unterschieden zwischen Armen und Reichen, zwischen Mächtigen und Machtlosen,
- aus Strukturen, die Hunger, Entbehrung und Tod verursachen,
- aus der Arbeitslosigkeit von Millionen von Menschen,
- aus einer Welt, in der Menschenrechte* verletzt und Menschen gefoltert und isoliert werden,
- aus Krieg und Ideologien*, die das Göttliche in jedem Menschen missachten,
- aus der Herrschaft der Menschen über die Natur in eine Gesellschaft, in der die Menschen gleiche Rechte besitzen und in Solidarität miteinander leben.

*Europäische Ökumenische Versammlung**

Wir müssen auch darauf hinweisen, dass wirtschaftliche Unternehmungen des Staates oder anderer öffentlich-rechtlicher Gebilde nur solchen Männern (sic!) anvertraut werden dürfen, die sich durch besondere Sachkenntnis, durch Charakterfestigkeit und durch großes Verantwortungsbewusstsein gegenüber der Volksgemeinschaft auszeichnen. Die Tätigkeit dieser Männer ist sorgsam zu überwachen. Es muss verhindert werden, dass innerhalb der staatlichen Verwaltung selbst wirtschaftliche Macht sich in den Händen weniger anhäuft. Das ist unvereinbar mit dem öffentlichen Wohl.

Johannes XXIII., Sozialenzyklika Mater et Magistra, Nr. 118, 1961*

Freude und Hoffnung, Trauer und Angst der Menschen von heute, besonders der Armen und Bedrängten aller Art, sind auch Freude und Hoffnung, Trauer und Angst der Jünger Christi. Und es gibt nichts wahrhaft Menschliches, das nicht in ihren Herzen seinen Widerhall fände ... Darum erfährt diese Gemeinschaft sich mit der Menschheit und ihrer Geschichte wirklich engstens verbunden.

Gaudium et Spes Nr. 1
*Konstitution über die Kirche in der Welt von heute, Zweites Vatikanische Konzil**

Die Subsidiarität achtet die Würde der Person, in der sie ein Subjekt sieht, das immer imstande ist, anderen etwas zu geben ... Es handelt sich demnach um ein besonders geeignetes Prinzip, um die Globalisierung zu lenken und sie auf eine echte menschliche Entwicklung auszurichten.

Benedikt XVI., Sozialenzyklika Caritas in Veritate, Nr. 57, 2009*

Zusammenhänge erkennen

Der Künstler George Grosz hat 1932 mit einer drastischen Zeichnung gegen die Ungerechtigkeit seiner Zeit protestiert [51].
Versetzt euch in die Lebenssituation der Menschen auf der Zeichnung und erzählt ihre Geschichten. Anschließend könnt ihr Plakate für einen Protestmarsch gegen den unbarmherzigen Fabrikherrn entwerfen. Nehmt dazu auch Gedanken und Wörter aus dem Schreiben von Papst Johannes XXIII. [53].
Auch das Gleichnis vom unbarmherzigen Knecht (Mt 18,23-34) kann euch Argumente liefern. Achtet darauf, dass ihr den Fabrikherrn nicht bloß beschimpft, sondern an sein Gewissen appelliert.

Lokal handeln

Erstellt in Partnerarbeit ein Informationsblatt unter der Überschrift: „Global denken – lokal handeln“. Dafür informiert ihr euch im Internet oder in eurem Ort über die „Agenda* 21“.

caritas

ADVENIAT

MISEREOR
DAS HILFSWERK

missio
glauben.leben.geben.

„Die tun was!“

Schreibt aus den Interviewausschnitten [60] f. die Sätze, die euch am wichtigsten sind, heraus.
Ihr könnt in der Gruppe ein kleines Streitgespräch führen zum Thema: „Es hat keinen Sinn, sich mit den Problemen der Einen Welt zu befassen, weil sich ja doch nichts ändert!“

Zahlen = Lebensverhältnisse recherchieren

Tragt aktuelles Datenmaterial zum Hunger in der Welt anschaulich zusammen. Was leistet Entwicklungshilfe? Versetzt euch in die Lage eines Mitglieds einer kirchlichen Eine-Welt-Gruppe und interpretiert von dieser Position aus die Zahlen.

Künstler zeigen Missstände auf

Die Anliegen von George Grosz 51 und von Klaus Staeck 66 passen auch in unsere Zeit. Sprecht darüber, deckt – auch in eigenen kreativen Gestaltungen – gegenwärtige Missstände auf und benennt, was getan werden muss, damit der soziale Friede gewahrt bleibt.

Eine-Welt-Kreis

Ihr könnt Gäste aus kirchlichen Eine-Welt-Gruppen eurer Umgebung einladen, damit sie euch informieren. Fragt auch nach der Motivation und den Ergebnissen ihrer Arbeit!

Das ist unser Projekt

Plant ein soziales Projekt in der Lerngruppe oder Klasse, das die Situation in eurer Umgebung aufgreift.

Christen mischen sich ein

Spirale des Abstiegs

Die Wohnung ist zu klein. Mit drei Kindern kann Familie Schmitt nicht länger in der kleinen Drei-Zimmer-Wohnung bleiben. Herr Schmitt arbeitet in der Buchhaltung eines mittelständischen Unternehmens. Er hat etwas Geld gespart. Es soll als Grundstock für den Bau eines eigenen Hauses dienen. Vor den Toren der Großstadt finden Schmitts ein Grundstück, das sie zur Hälfte vom Ersparten bezahlen können. Für den Rest und den Bau des Hauses nehmen sie einen Kredit auf. Schmitts haben gerechnet: Es wird zwar in den nächsten Jahren finanziell sehr knapp, aber dafür kommen sie endlich aus der kleinen Wohnung raus.

Der Tag des Richtfestes hätte ein freudiger Tag sein sollen. Aber das Unternehmen, in dem Herr Schmitt arbeitete, hat Konkurs angemeldet. Seine Frau leidet seit einiger Zeit an einer schmerzhaften chronischen Nervenkrankheit, wegen der sie zu Hause nur bedingt einsatzfähig ist. Herr Schmitt verzögert den Weiterbau des Hauses, denn er hofft, bald wieder Arbeit zu finden.

Ein Jahr vergeht. Herr Schmitt ist noch immer arbeitslos, der Rohbau muss zwangsversteigert werden. Dies ersetzt nur einen Bruchteil der Kosten, Schmitts sind überschuldet. Da sie die Raten ihrer Schulden zahlen müssen, liegt das verfügbare Arbeitslosengeld weit unter der Armutsgrenze. Zu allem Überfluss hat sich Herr Schmitt aus Not auf ein illegales Glücksspiel eingelassen, weil er durch den erhofften Gewinn seine Situation verbessern wollte. Er hat aber viel Geld verloren und zur Begleichung seiner Spielschulden einen weiteren Kredit aufgenommen. Das Auto ist längst verkauft, die Miete der kleinen Wohnung trotz des Wohngeldes zu hoch, und auch die Bank sieht keine Möglichkeit mehr, die monatlichen Raten zu verringern. Lediglich Frau Schmitts Eltern können die Familie etwas unterstützen. Aber es reicht trotzdem nicht.

Es ist Pflicht der Arbeitsherren, sich den Grundsatz stets vor Augen zu halten: jedem das Seine. Dieser Grundsatz sollte auch auf die Höhe des Lohnes Anwendung finden.
Im Allgemeinen ist in Bezug auf den Lohn wohl zu beachten, dass es gegen göttliches und menschliches Gesetz geht, Notleidende zu drücken und auszubeuten um des eigenen Vorteils willen. Dem Arbeiter den ihm gebührenden Verdienst vorenthalten, ist eine Sünde, die zum Himmel schreit.

Papst Leo XIII. in der Sozialenzyklika* Rerum novarum, Nr. 17, 1891

- *Kann Familie Schmitt ihre Situation aus eigenen Kräften ändern? Muss es gesellschaftliche Regelungen geben, die dieser Familie helfen? Ihr könnt Gründe für und gegen gesellschaftliche Unterstützungsmaßnahmen für Familie Schmitt finden.*
- *Entwerft in Gruppenarbeit ein Gespräch und führt es dann auch, an dem Familie Schmitt, Vertreter des Sozialamts und der Bank beteiligt sind. In diesem Gespräch sollen die Beteiligten eine Lösung des Problems der Familie diskutieren, das die Grundsätze der katholischen Soziallehre* berücksichtigt.*
- *Informiert euch über gegenwärtig vorhandene institutionelle und gesetzliche Lösungsmöglichkeiten für den Fall der Familie Schmitt – im Internet, beim Sozialamt, bei der Schuldnerberatung. In welchem Verhältnis stehen diese Möglichkeiten zu den Grundsätzen der katholischen Soziallehre?*
- *Diskutiert darüber, wie Ungerechtigkeit allmählich den Frieden unter den Menschen zerstört. Ihr könnt euch dazu auch ein Rollenspiel ausdenken. Zeigt darin auch solidarische Maßnahmen als Frieden schaffende Lösungsansätze.*
- *Wie sich Menschen für die Gesellschaft einsetzen, könnt ihr herausfinden, wenn ihr die Begriffe „Stiftung“ und „Mäzen“ recherchiert. Aber nicht nur mit Geld lässt sich etwas tun! Forscht nach, was sich unter www.bagfa.de finden lässt – vielleicht auch in eurer Nähe.*

Seit ihren Anfängen hat die Kirche den Auftrag Jesu „Du sollst deinen Nächsten lieben wie dich selbst" (Mk 12,31) und „Was ihr für einen meiner geringsten Brüder getan habt, das habt ihr mir getan" (Mt 25,40) ernst genommen. Deswegen hat sie durch viele Hilfswerke, z.B. Armenspeisung, Krankenpflege, Gefangenenloskauf usw., die Not der Menschen zu lindern gesucht.
Nun tauchen im Zusammenleben der Menschen ständig neue Fragen und Probleme auf. Das trifft für Gruppen, Dörfer und Städte, Staaten und für den ganzen Globus zu. Christen beteiligen sich an der Lösung der vielen und komplexen Schwierigkeiten. Dabei orientieren sich katholische Christen an der katholischen Soziallehre*.
Ihre wichtigsten Grundsätze bilden keine fertigen Rezepte, sie bieten vielmehr den Rahmen für die Bearbeitung der anstehenden Aufgaben. Ihn können katholische Christen in verschiedenen Positionen und mit unterschiedlichen Aufgaben ausfüllen.

Der Grundsatz der Personalität

Die Lösung gesellschaftlicher Fragen muss sich an der Würde der Person orientieren. Sie ist unantastbar. Der Mensch ist nicht für die Wirtschaft und den Staat da, sondern Wirtschaft und Staat sind für den Menschen da. Der Mensch darf nicht als Instrument benützt werden, um etwa wirtschaftliche oder wissenschaftliche Ziele zu erreichen.

Der Grundsatz der Solidarität

In einem Gemeinwesen sollen alle füreinander einstehen. Keiner darf geopfert werden, während andere aufsteigen können. Das heißt, dass auch die Armen, Schwachen und Benachteiligten in die staatlichen und wirtschaftlichen Überlegungen einbezogen werden sollen.

Der Grundsatz der Subsidiarität

Was der Einzelne aus eigener Kraft vollbringen kann, darf die Gesellschaft ihm nicht abnehmen. Sie soll ihn vielmehr darin unterstützen, die eigenen Kräfte einzusetzen. Die Gemeinschaft soll Hilfe zur Selbsthilfe leisten. Was im engeren Kreis der Familie erledigt werden kann, damit befasse man nicht die Öffentlichkeit; was man selbst tun kann, damit behellige man nicht andere. Das gilt auch umgekehrt: Die Gemeinschaft darf keine Aufgaben übernehmen, die jede/r Einzelne selbst erfüllen kann.

Der Grundsatz der Nachhaltigkeit

Bei der Lösung der gegenwärtigen Probleme soll beachtet werden, dass

- Menschen möglichst schonend in die Natur eingreifen und die Nebenfolgen der Eingriffe möglichst gering sind;
- ökologische, wirtschaftliche und soziale Auswirkungen zusammen gesehen und beachtet werden. Wirtschaftlicher Fortschritt z.B. darf weder das natürliche Gleichgewicht noch den sozialen Frieden stören;
- wir heute die Lebensbedingungen künftiger Generationen nicht einschränken.

Kein Überleben ohne Weltethos?

Um einer friedvollen Welt näher zu kommen, brauchen wir eine Rückbesinnung auf ein Minimum an humanen Werten, Grundhaltungen und Maßstäben: Wie sollen Eltern und Lehrer Kinder erziehen, wenn sie selber oft nicht wissen, woran sie sich halten sollen? Wie sollen die Schulen gegen die stark angestiegene Gewaltbereitschaft ankommen? Wie soll unsere Gesellschaft lokal, national und auch global humaner werden?
Es braucht ein allen Menschen gemeinsames Ethos: ein Weltethos.
Die „Erklärung zum Weltethos" des Parlaments der Weltreligionen, die 1993 in Chicago verabschiedet wurde, will bewusst machen, was Christen, Juden und Muslimen, den Religionen in Ost und West, in Nord und Süd an ethischen Maßstäben gemeinsam ist.
Die Erklärung zum Weltethos hat vier unverrückbare Weisungen als Selbstverpflichtung formuliert:

- die Verpflichtung auf eine Kultur der Gewaltlosigkeit und der Ehrfurcht vor allem Leben;
- die Verpflichtung auf eine Kultur der Solidarität und eine gerechte Wirtschaftsordnung;
- die Verpflichtung auf eine Kultur der Toleranz und ein Leben in Wahrhaftigkeit;
- die Verpflichtung auf eine Kultur der Gleichberechtigung und die Partnerschaft von Mann und Frau.

Die Goldene Regel

Das geforderte Weltethos kann sich z.B. auf die „Goldene Regel" berufen, die sich in unterschiedlichen Formulierungen in den Weltreligionen findet.

Konfuzianismus

Was du selbst nicht wünschst, das tue auch nicht anderen Menschen an.

Konfuzius, Gespräche 15,23

Judentum

Tue nicht anderen, was du nicht willst, dass sie dir tun.

Rabbi Hillel, Sabbat 31a

Islam

Keiner von euch ist ein Gläubiger, solange er nicht seinem Bruder wünscht, was er sich selber wünscht.

40 Hadithe von an-Nawawi 13

Buddhismus

Ein Zustand, der nicht angenehm oder erfreulich für mich ist, soll es auch nicht für ihn sein; ein Zustand, der nicht angenehm oder erfreulich für mich ist, wie kann ich ihn einem anderen zumuten?

Samyutta Nikaya V. 353.35-354.2

Hinduismus

Man sollte sich gegenüber anderen nicht in einer Weise benehmen, die für einen selbst unangenehm ist; das ist das Wesen der Moral.

Mahabharata XIII.114.8

Christentum

Alles, was ihr wollt, das euch die Menschen tun, das tut auch ihr ihnen ebenso.

Mt 7,12; Lk 6,31

- Ihr könnt euch aus dem Internet bei der „Stiftung Weltethos“ den gesamten Text der Erklärung zum Weltethos besorgen. Hier findet ihr auch weitere Erläuterungen zu den Grundsätzen und Anliegen der Weltethos-Erklärung.
- Auf 58 findet ihr verschiedene Formulierungen der Goldenen Regel. Sucht nach Unterschieden und Übereinstimmungen.
- Die Grafik drückt durch ihre Farbenwahl und Anordnung auch Grundprobleme des Weltethos aus. Könnt ihr diese herausfinden?
- Als die Weltethos-Erklärung veröffentlicht wurde, wurde sie unterschiedlich aufgenommen. Zwei Positionen findet ihr hier:
  „Die Idee eines Weltethos ist völlig belanglos, solange die Menschen nicht entsprechend handeln. Auf eine friedvolle Praxis auch ohne diese Idee kommt es an!“
  „Die Idee eines Weltethos ist sinnvoll, weil erst aus einer gemeinsamen Idee eine gemeinsame Praxis folgen kann. Deshalb kommt es zuerst auf die Verbreitung der Idee an!“
  Ihr könnt in einer Pro-und-kontra-Diskussion die beiden Positionen gegeneinander abwägen und selbst Stellung beziehen. Bedenkt dabei auch die unterschiedlichen Auswirkungen.

Zukunft für die Eine Welt

Viele Tausend Gruppen beschäftigen sich in irgendeiner Weise mit Belangen der Einen Welt. Die Gruppen haben sich teilweise in Verbänden, Arbeitsgemeinschaften oder Netzwerken zusammengeschlossen. Viele sind dem Anliegen des Konziliaren* Prozesses verpflichtet. Sie sind aber als Basisgruppen in ihrem unmittelbaren Umfeld – Gemeinde, Dorf, Stadtteil – verankert und arbeiten nur teilweise mit den kirchlichen Hilfswerken* (wie Misereor, Missio, Brot für die Welt u.Ä.) zusammen. Sie arbeiten an verschiedenen Projekten mit unterschiedlichen Aktionsformen.

Aus Interviews mit Mitgliedern solcher Gruppen stammen diese Aussagen:

Ja, was ich auch noch sagen wollte zu „Warum kirchliche Gruppe?" – Ich denke und ich erlebe es einfach, dass es eine andere Dynamik ist, wenn man eine Messe gemeinsam vorbereiten und feiern kann. Und ich freue mich eigentlich, dass wir dort in Lateinamerika Leute besuchen, die eben den gleichen Glauben haben wie wir, also mit denen wir mal auf einer anderen Ebene verkehren können. Das intensiviert die Arbeit. Es ist aber auch eine ganz persönliche Sache, wenn man ähnliche Glaubensvorstellungen hat. Da ist eben noch eine Ebene, auf der man sich begegnen kann.

Felix, 16 Jahre

Dann haben wir eine Unterschriftenaktion gemacht, dass die Cafeteria Kaffee aus fairem Handel anbietet. So ungefähr 6000 Unterschriften sind zusammengekommen, die wir in einer großen Presseaktion dem Leiter übergeben haben. Das hat zwar Eindruck gemacht, genützt hat es aber nicht viel, sodass wir uns dann noch weiter überlegt haben, was wir noch Neues machen können. Als Nächstes haben wir wieder eine Aktion gemacht: „Die Tage der Alternative". Da haben wir halt alternativ zu dem Kaffee, der in der Cafeteria angeboten wurde, draußen vor dem Haus anderen Kaffee ausgeschenkt, wieder informiert und Postkarten ausgegeben und Unterschriften gesammelt.

Lukas, 15 Jahre

Pablo Picasso, 1937

Die Leute sagen: Ihr habt gearbeitet, ihr bestimmt, wohin das Geld gehen soll. Und das ist sehr wichtig, weil sehr viele oder die meisten von uns privates Geld da reinstecken. Alles unter dem Aspekt, dass möglichst viel zusammenkommt, auch als Ergebnis der Ausstellung. Wir planen ja auch alles selbst. Und wir bekommen Briefe von unseren Projektteilnehmern in der Dritten Welt, wir bekommen Antworten, sie schreiben uns. Wir wissen, dass das Geld gut angekommen ist. Es geht nicht das Mindeste an Verwaltungsgebühr weg, und das Engagement macht dadurch richtig Spaß.

Tania, 16 Jahre

Und wenn man dann irgendwann dahin kommt und denkt: Aha, du machst da vielleicht irgendwie mit, wenn du im Eine-Welt-Laden tätig bist und wirklich versuchst, Nahrungsmittel zu fairen und gerechten Preisen anzubieten und den Leuten, die das anbauen, eine Existenz zu sichern.
Irgendwann verändert es einen, man verinnerlicht das und macht dann umso mehr. Es wird selbstverständlich, dass man so handeln muss. Ich will mich jetzt hier nicht als Musterchristin oder so herausstellen, um Gottes willen!
Aber man macht sich so seine Gedanken.

Ann-Sophie, 15 Jahre

- *Der Maler Picasso nannte sein großformatiges Bild „Frieden". Beschreibt, was in Friedenszeiten möglich ist.*
- *Das Bild und die Texte können euch anregen, passende Gebetsbitten zu formulieren.*
- *Überlegt, wie die Balance im Zusammenleben der Menschen im Kleinen, aber auch in der großen Politik hergestellt werden kann, damit Friede entsteht oder erhalten bleibt.*
  Sicherlich kennt ihr Beispiele, wo das bereits geschieht oder wo ihr damit anfangen könntet.

Die beiden Frösche

Eines Abends fielen zwei Frösche in einen Eimer mit Milch. Alle Versuche, herauszuspringen oder hochzukrabbeln, waren vergeblich. Die Wände des Eimers waren viel zu hoch und glatt. „Was hat es für einen Sinn, dass ich mich weiter abmühe", sagte der eine, „für mich gibt es sowieso keine Hoffnung mehr." Er ließ sich hinuntersinken und war bald ertrunken. Aber der andere gab nicht auf. Er wollte leben! Und er strampelte und strampelte unermüdlich. Nach langer Zeit spürte er, wie es unter ihm etwas fester wurde. Da verdoppelte er seine Anstrengungen – und am nächsten Morgen saß er auf einem Klumpen Butter, von dem er mit letzter Kraft aus dem Eimer springen konnte.

Die Menschen auf diesem Holzschnitt sind „in Erwartung". Was sagen oder denken sie? Was sehen oder hören sie? Schreibe oder zeichne diese Erwartung. Vielleicht fällt dir auch ein Gebet ein.

Eines Tages kam einer

eines Tages kam einer
der machte nicht weiter wie alle anderen
er begann zerrissene Fäden zu knüpfen
er sprach die an, mit denen keiner sprach
er griff nach der Hand, die niemand
halten wollte
er heilte die Risse
er sagte ja

auflebte wie in einem Spiegel
das Gesicht von den Anfängen
das Bild des Ewigen selbst

Unruhe ergriff die Menschen
und sie hielten es nicht aus
sie schlugen ihn
am Stamm
in Scherben

aber Gott
zeigt sich wieder
im neuen Spiegel
und hält ihn uns vor

„Zerrissene Fäden knüpfen" ... Was bedeuten die Bilder aus dem Gedicht in unserem Leben? Was ist das für eine Person, die im Gedicht „Eines Tages kam einer" beschrieben wird? Wer könnte die Person heute sein? Stelle die Person in einem Steckbrief vor.

Wenn einer zu reden beginnt

T: Raymund Weber
M: Ludger Edelkötter

2. Wenn einer zu schweigen beginnt,
   wo zu viele Worte sind,
   da fängt der Friede an ...
3. Wo einer zu denken beginnt,
   wo offene Fragen sind,
   da fängt der Friede an ...
4. Wenn einer zu handeln beginnt,
   wo viele Probleme sind,
   da fängt der Friede an ...
5. Wenn einer zu beten beginnt,
   wo Menschen am Ende sind,
   da fängt der Friede an ...

Jetzt helfen wir!

Straßenkinder in La Paz

„Meine Mutter hat mich nie geliebt und sogar gesagt, dass ich nicht ihr Kind wäre. Meine Geschwister leben auf der Straße und wollen mit mir nichts zu tun haben ... Sie nehmen Drogen und schnüffeln Klebstoffdämpfe ... Ich habe eine Schwester, die als Prostituierte gearbeitet hat. Mein Vater war ein Säufer... Niemand weiß, wo mein Vater ist."

„Ich wollte zurück nach Hause, aber ich hatte große Angst davor, dass mich meine Mutter schlägt. Wenn ich gewusst hätte, dass sie nicht mehr sauer auf mich war, wäre ich zurückgekommen. Aber nur wenn ich Geld gehabt hätte ... sonst nicht."

„Die Straße ist schwer, aber ich habe mehr Freiheit."

„Meine Eltern haben sich getrennt, als ich ein Jahr und vier Monate alt war. Ich bin bei meinem Vater aufgewachsen, aber er hat mich oft bestraft. Er war gewalttätig, hat mich mit einem Kabel, einem Stock geschlagen. Er hat gar nicht auf mich geachtet, als ich noch in die Schule ging. Er hat die Schule nicht bezahlt. Ich musste manchmal tagsüber arbeiten. Deswegen habe ich das Haus verlassen ... Was mich auch aus dem Haus vertrieben hat, waren die ganzen Schlägereien."

„Die letzte Nacht war der reinste Horror."

Straßenkinder für einen Tag

Straßenkinder gehören in vielen Städten Afrikas, Asiens und Südamerikas zum alltäglichen Straßenbild. Vor Armut, Gewalt und Kriminalität aus ihren Familien und ihrem alten Umfeld geflohen, haben sie auch auf der Straße oft keine bessere Zukunft vor sich.
Mit der Aktion „Straßenkinder für einen Tag" wird jedes Jahr am 20. November auf die Notlage dieser Kinder aufmerksam gemacht. Auch ihr könnt euch daran beteiligen.

terre des hommes

Sicht | wechsel

Straßenkind für einen Tag

Für einige Stunden schlüpft ihr in die Rolle von Straßenkindern, die durch kleinere Arbeiten auf der Straße Geld verdienen.

Bevor ihr euer Projekt startet, solltet ihr euch über das Leben dieser Kinder und Jugendlichen informieren. Toll wäre es, wenn ihr im Vorfeld an der Schule mit einer Ausstellung eure Mitschüler, aber auch eure Eltern und Lehrer informieren würdet. Vergesst nicht in der Zeitung auf eure Aktion aufmerksam zu machen. Veranstaltet doch eine Pressekonferenz.

Der Hauptteil der Aktion besteht aus den Arbeiten der Straßenkinder auf öffentlichen Plätzen:

- Schuhe putzen
- Zeitungen, Süßigkeiten oder Selbstgebasteltes in einem Bauchladen verkaufen
- Einkäufe von Kunden in Geschäften einpacken
- auf Parkplätzen Autos oder Autoscheiben reinigen
- Straße fegen oder Schnee schaufeln
- Straßenmusik machen

Das Material, das ihr für eure Aktion braucht, besorgt ihr am besten selbst und richtet es gemeinsam her. Fragt doch mal bei der örtlichen Zeitung, ob sie euch die Tageszeitungen, die ihr verkaufen wollt, zur Verfügung stellt.
Einige von euch sollten während der Aktion einen Infostand besetzen, bei dem sich die Passanten über die Straßenkinder informieren können.
Vergesst natürlich nicht, die Aktion auszuwerten. Dazu gehört eine Ausstellung in der Schule, aber auch ein Zeitungsbericht. Und: Wie habt ihr euch als Straßenkind gefühlt?

Schuheputzen für Straßenkinder

Mit der Aktion „Straßenkinder für einen Tag" haben Schülerinnen und Schüler ungewöhnliche Erfahrungen gesammelt. Mitten im samstäglichen Einkaufsrummel haben sie vor der Moritzkirche in Rottenburg Passanten die Schuhe geputzt. Sie wollten damit auf die Lebensbedingungen der weltweit 30 Millionen Straßenkinder aufmerksam machen. Den Erlös ihrer Aktion haben die Jugendlichen einem Straßenkinderprojekt der Jesuiten in Kolumbien gespendet. Anlass ihrer Aktion war der Jahrestag der UN-Kinderrechtskonvention, die am 20. November 1989 unterzeichnet worden ist.

Gerechtigkeit schaffen – (in) Frieden leben?

Klaus Staeck, 1982

Gerechtigkeit will ich,
nicht Rauchopfer.

Nach Amos 5,21-24

Wenn Gott unser Vater ist,
dann sind wir – das ist eine logische Folge –
untereinander alle Brüder und Schwestern.

Papst Johannes XXIII.

- *Die Reaktion des Jeremia auf seine Berufung zum Propheten (Jer 1,4-10) spiegelt die Haltung vieler Menschen zu den angesprochenen Problemen in diesem Kapitel wider. Überlege dir, mit welcher Antwort du diesen Menschen gegenübertreten kannst, und gestalte einen Dialog.*
- *Formuliere die Folgen des Zitats von Papst Johannes* XXIII. für euer Verhalten.*
- *„Gerechtigkeit schafft Frieden." Sucht gemeinsam nach Argumenten, warum erst Gerechtigkeit Frieden schaffen kann.*
- *„Gebt einander ein Zeichen des Friedens und der Versöhnung." – So lautet der Friedensgruß im Gottesdienst. Überlege dir, welche Zeichen des Friedens und der Versöhnung du in deinem Alltag deinen Mitmenschen geben kannst.*
- *Schreibt einen Brief an euren Bundestagsabgeordneten, in dem ihr die Problematik des Bildes thematisiert und verdeutlicht, was getan werden muss, um die Missstände auf der Welt zu ändern.*
- *Klaus Staeck hat sein Bild von Politikern am kalten Buffet „Abendmahl" genannt. Welche Ideen habt ihr, wie aus den Steinen auf den Tellern Brot wird?*

5 Gottes Spuren suchen

Wer braucht Gott?

Ich habe dich beim Namen
gerufen,
du gehörst mir.

Jes 43,1

Ich habe das Elend meines Volkes in Ägypten gesehen, und ihre laute Klage über ihre Antreiber habe ich gehört. Ich kenne ihr Leid.

Ex 3,7

Ich schreie zu dir,
und du antwortest mir nicht;
ich stehe da,
doch du achtest nicht auf mich.

Ijob 30,20

Im Anfang schuf Gott
Himmel und Erde.

Gen 1,1

Gott ist jederzeit bei uns, nämlich 24 Stunden pro Tag. In dieser Zeit tritt er immer wieder in unterschiedlicher Gestalt auf, sei es als Familienmitglieder, als Freunde oder auch in der Natur. Ich glaube, Gott steckt überall ein bisschen drin, sogar in uns selbst, und manchmal gibt es Tage, da dürfen wir dieses Glück erfahren.

Barbara, 17 Jahre

Hauptsächlich beschäftigt mich die Frage, warum die Menschen sich eine Figur namens „Gott“ erfunden haben. Ich sehe darin keinen Sinn! Es gibt schließlich keinen Beweis für die Existenz Gottes. Also gibt es auch keinen Sinn, sein Leben nach einem fremden Wesen zu richten. Zumal man auch noch verschiedene Einschränkungen bezüglich seines Lebensstils in Kauf nehmen muss.

Martin, 17 Jahre

Mein Gott,
mein Gott,
warum hast du
mich verlassen?

Ps 22,2; Mk 15,34

Keinem von uns
ist er fern.
Denn in ihm
leben wir,
bewegen
wir uns
und sind wir.

Apg 17,27f.

Gott
stürzt
die Mächtigen
vom Thron
und erhöht
die Niedrigen.

1 Sam 2,7; Lk 1,52

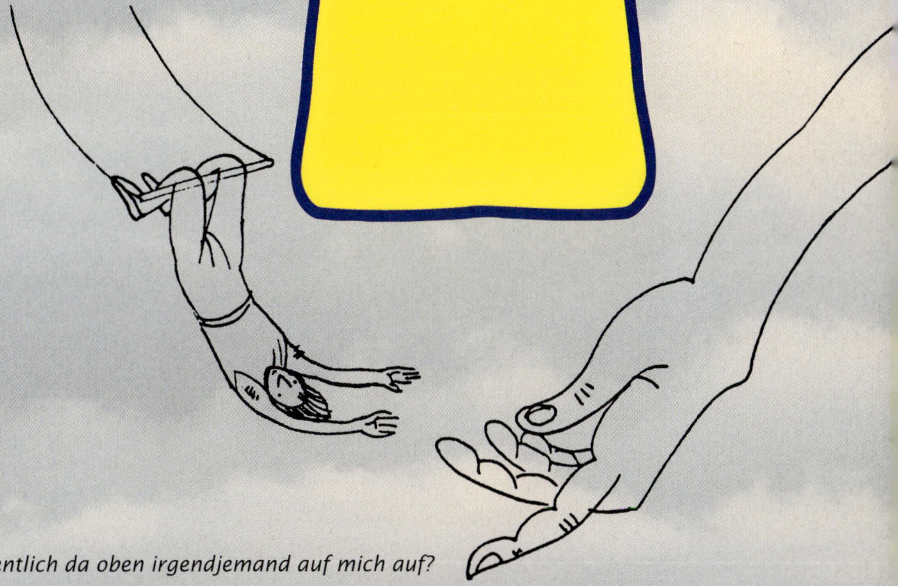

Passt eigentlich da oben irgendjemand auf mich auf?

Von Gott sprechen

Im Alltag begegnet uns Gott öfter in Ausdrücken und Redewendungen. Achte z.B. auch einmal bei Fernsehsendungen, in Zeitungen oder in der Werbung darauf, in welchen Zusammenhängen und wie dort von Gott gesprochen wird! Interessant kann es auch sein, mit den Eltern oder Großeltern über ihre Gottesvorstellungen zu sprechen.

Gotteshäuser oder heilige Orte anderer Religionen besuchen

In jeder Religion gibt es Gotteshäuser oder Orte der Besinnung. Ihre Gestaltung gibt Einblicke in die Gottesvorstellungen und das Brauchtum der jeweiligen Religion. Falls es keine Moschee, Synagoge oder keinen Tempel in eurer Umgebung gibt, die ihr besuchen könnt, dann vergleicht Fotos dieser Gotteshäuser!

Ein Gedicht schreiben

Gebt dem Dichter Antworten! Probiert ein Gegengedicht zu schreiben, z.B.: „Wenn es Gott gibt, dann kann ich ...“

keine antworten
wenn es gott gibt
warum nimmt er das junge
lässt das alte dahinsiechen
wenn es gott gibt
warum nimmt er meine freunde
lässt mich als waisen zurück
wenn es gott gibt
warum nimmt er meine fragen
lässt mich ohne antworten zurück

Nevfel Cumart

Zur Mitte finden

Lege aus Tüchern ein Labyrinth. Folge den Windungen dieses Labyrinths und spüre dem Gefühl nach, wenn du kurz vor dem Ziel noch einmal ganz nach außen gehen musst.
Du kannst auch ein eigenes Labyrinth am PC entwerfen und mit Farben gestalten.

Ein eigenes Gebet formulieren

Ein Gebet ist ein Gespräch mit Gott. Ist es nicht schön zu wissen, dass da immer jemand zuhört?
Sprich Gott durch ein eigenes Gebet an. Denk an Situationen, die dich im Alltag beschäftigen: Prüfungen, Wetter, viele Hausaufgaben, Ärger zu Hause, Freunde ...
Auch die Zeitungen bieten jeden Tag eine Menge von Anlässen, um zu beten.
Suche Beispiele, die dich besonders bewegen, und schreibe deine Gedanken dazu auf.
So kannst du Klagen, aber auch Lob und Dank zum Ausdruck bringen.
Probiere beim Aufschreiben neue Schriftarten aus, damit dein Gebet unverwechselbar ist. Wenn ihr eure Seiten dann zusammenbindet, entsteht ein Klassen-Gebetbuch.

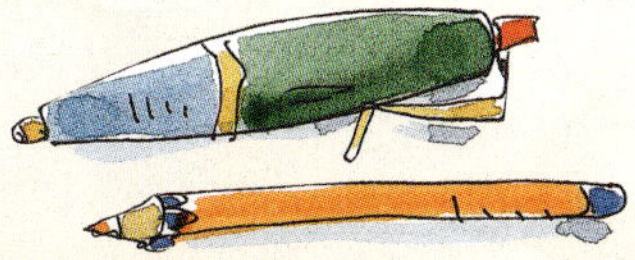

Was wäre, wenn ...?

„Wenn es Gott nicht gibt,
ist alles erlaubt
und über Gut und Böse
wird nirgendwo geurteilt!“

Fjodor Dostojewskij

Überlegt, wie solch eine Welt ohne Gott aussehen würde.

Verbindungen herstellen

Dieses Kapitel „Gottes Spuren suchen“ lässt sich gut verknüpfen mit Themen aus Kapitel 3: „Hoffen über den Tod hinaus“ und aus Kapitel 8: „Achtsam mit Leben umgehen“. Plant gemeinsam, wer von euch welches Teilthema in eure aktuelle Arbeit einbringen will und wie das gelingt.

Das Meditieren üben

Du kannst auch ohne Worte beten, wenn du in der Stille nur deinen Atem und deinen Herzschlag zu Gott sprechen lässt. Dann öffnet sich dein Inneres, deine Mitte (*meditari*, lat.: zur Mitte kommen).
Das Meditieren geht leichter, wenn du dich auf etwas Wahrnehmbares konzentrierst. Du kannst einen Gegenstand (eine Kerze, eine schöne Kugel, etwas aus der Natur) als Hilfe zum Meditieren nutzen; du kannst aber auch ein Gottessymbol im Bild 67, 79 anschauen oder eine Liedzeile 81 in Gedanken wiederholen.

Naturwissenschaft und Glaube

Als 1961 der Russe Gagarin, der als erster Mensch in den Weltraum geschossen worden war, auf die Erde blickte, sagte er: „Es gibt keinen Gott." Gagarin war Atheist. Ein anderer Astronaut, der Amerikaner Bormann, der am 24. Dezember 1968 die Erde umkreiste, griff in seiner Raumkapsel zur Bibel und las die Schöpfungsgeschichte vor. Das zweite Beispiel zeigt, dass auch ein Naturwissenschaftler an Gott glauben kann. Dass Gagarin im Weltall keinen Gott gefunden hat, entspricht ganz der biblischen Vorstellung, die besagt: „Keiner hat Gott je gesehen. Er wohnt in einem unzugänglichen Licht" (nach 1 Tim 6,16).
Auch die Naturwissenschaft weiß nicht die letzte Wahrheit über die Welt, woher sie kommt und wohin sie geht. Auch sie macht sich eine Vorstellung, ein Bild von der Welt. Wir nennen es „Weltbild".
Das Weltbild in der Zeit, als die Schöpfungsgeschichten aufgeschrieben wurden, hielt die Erde für die Welt schlechthin und die Gestirne für Lampen am Himmel, der als Wohnort Gottes galt. Unser heutiges Bild von der Entstehung der Welt ist die Vorstellung vom Urknall. Wenn der amerikanische Astronaut auf seinem Weltraumflug die Bibel zitierte, so wollte er damit sagen: Meine Weltraumerfahrung ist kein Beweis dafür, dass es Gott nicht gibt, sondern sie ist ein Hinweis auf die Großartigkeit seines Werkes, das auf eine Weisheit und Allmacht schließen lässt, von der alles kommt.

Die Himmel rühmen die Herrlichkeit Gottes,
vom Werk seiner Hände kündet das Firmament.
Ein Tag sagt es dem andern,
eine Nacht tut es der andern kund,
ohne Worte und ohne Reden,
unhörbar bleibt ihre Stimme.
Doch ihre Botschaft geht in die ganze Welt hinaus,
ihre Kunde bis zu den Enden der Erde.

Psalm 19,2-5

■ *Nicht nur in den Religionen, auch in den Naturwissenschaften wird nach der Welt, ihrem Ursprung, den Bewegungen im Kosmos, der Entstehung des Lebens gefragt. Jede und jeder von euch hat schon einmal vom Urknall und von der Evolution gehört. In einem Jugendlexikon findet ihr dazu interessante Information. Ihr könnt auch eure Biologie- oder Physiklehrkraft befragen. Besprecht zuerst, wie ihr die Information beschaffen und den anderen präsentieren möchtet.*

vor ca. 14 Milliarden Jahren:
das Universum entsteht

vor ca. 5 Milliarden Jahren:
die Erde entsteht

„Die Erhabenheit deiner Schöpfung wollte ich den Menschen verkünden, soweit mein beschränkter Verstand deine Unendlichkeit begreifen konnte."

Johannes Kepler, 1571-1630, Mathematiker und Astronom

„Meine Religiosität besteht in einer demütigen Bewunderung des unendlich überlegenen Geistes, der sich in dem Wenigen offenbart, was wir mit unserer schwachen und hinfälligen Vernunft von der Wirklichkeit zu erkennen vermögen."

Albert Einstein, 1879-1955, Atomphysiker und Astronom

„Die Entstehung des Lebens auf der Erde mit dem Zufall erklären heißt, von der Explosion einer Druckerei das Zustandekommen eines Lexikons zu erwarten."

Edwin Grant Conklin, 1863-1952, Biologe

- *Religiöse und biblische Überlegungen haben eine andere Absicht und Ausrichtung als naturwissenschaftliche. Stellt ihre Aussagen in einer Tabelle nebeneinander und sprecht darüber.*
- *Was kann eine rote Rose bedeuten? Stellt die Aussagen eines Botanikers und eines Liebenden gegenüber. Was die Dinge für unser Leben bedeuten, kann die Wissenschaft nicht vollständig erfassen. Vieles Wichtige „schlüpft durch die Maschen" ihrer Denkweise. Welche anderen Beispiele kennt ihr?*
- *Sammelt in Gruppen Argumente und führt eine Pro-und-kontra-Debatte: „Die Theorie vom Urknall und die Schöpfungsgeschichten der Bibel schließen einander aus."*

„Alles, was existiert, muss doch einen Anfang haben. Also musste der Weltraum irgendwann aus etwas anderem entstanden sein. Schließlich und endlich musste irgendwann irgendetwas aus Null und Nichts entstanden sein. Aber war das möglich?
War diese Vorstellung nicht ebenso unmöglich wie die, dass es die Welt schon immer gegeben hatte? Sofie konnte gerne hinnehmen, dass Gott den Weltraum erschaffen hatte, aber was war mit Gott selbst? Obwohl Gott sicher alles Mögliche erschaffen konnte, konnte er sich ja wohl kaum selber schaffen. Dann gab es nur noch eine Möglichkeit. Gott gab es schon immer.
Aber diese Möglichkeit hatte sie doch schon verworfen: Alles, was existierte, musste einen Anfang haben."

Jostein Gaarder, Sofies Welt

vor ca. 2 Milliarden Jahren:
Leben entwickelt sich im Wasser

vor ca. 1 Milliarde Jahren:
Tiere leben auf dem Land

vor ca. 800 000 Jahren:
die Menschen entwickeln sich

Die Frage nach Gott im Leid

Die Geschichte von Ijob

Im fernen Lande Uz lebte einst ein Mann mit Namen Ijob. Er hatte eine Frau, sieben Söhne und drei Töchter und viele große Viehherden. Er war zu allen Menschen freundlich und hilfsbereit, hatte Ehrfurcht vor Gott und tat nichts Böses.

Eines Tages trat der Versucher vor Gott hin und sprach:
„Geschieht es ohne Grund, dass er Gott fürchtet? Nimm ihm seinen Reichtum, so wird er dich verfluchen!"
„Gut", sagte Gott, „du kannst ihn prüfen, aber vergreif dich nicht an seiner Person!"

Da kam schweres Unglück über Ijob. Feinde fielen über seine Herden her, erschlugen die Hirten und flohen mit den Tieren. Dann fiel Feuer vom Himmel und vernichtete sein Haus und all seinen Besitz. Zuletzt starben auch noch seine Söhne und Töchter.
Voller Kummer zerriss Ijob sein Kleid, fiel auf die Erde nieder und schrie:
„Nackt kam ich hervor aus dem Schoß meiner Mutter; nackt gehe ich dahin zurück. Der Herr hat gegeben, der Herr hat genommen; gelobt sei der Name des Herrn." Trotz allem fluchte er Gott nicht.

Da trat der Versucher wieder vor Gott und sprach:
„Kein Wunder! Alles kann der Mensch entbehren, solange er selbst gesund bleibt. Aber lass ihn krank werden, ich wette, er wird sich von dir abwenden." –
„Er ist in deiner Hand", sagte Gott, „aber bewahre sein Leben."
Da bekam Ijob eine schreckliche Krankheit. Sein ganzer Körper wurde über und über mit bösartigem Geschwür bedeckt. Nun verspottete ihn sogar seine Frau und sprach:
„Hältst du immer noch fest an deiner Frömmigkeit? Lästere Gott und stirb!"
Ihr Gespött war für Ijob schlimmer als die Schmerzen.
Er sprach zu ihr: „Du redest, als ob du närrisch bist. Viel Gutes haben wir von Gott empfangen, sollten wir da das Böse nicht auch annehmen?"
Und wieder sündigte Ijob mit keinem Wort gegen Gott.

- *Die Erzählung von Ijob steht im Alten Testament im Buch Ijob. Heute noch nennen wir schlimme Nachrichten „Hiobsbotschaften". Die Ijoberzählung geht noch weiter. Sucht im Alten Testament das Buch Ijob. Lest einige Abschnitte; die Abschnittüberschriften helfen, dass ihr euch zurechtfindet.*
- *An späterer Stelle beklagt sich Ijob bei Gott: „Zum Ekel ist mein Leben mir geworden ..." (Ijob 10,1). Er streitet mit Gott. Hast du dich schon einmal bei Gott beklagt? Du kannst es versuchen.*
- *Schreibe eine Ijobgeschichte von heute, in der ein Mensch alles verliert, was ihm wichtig ist, und dennoch nicht verzweifelt.*
- *Schreibe Sätze über Gott, die scheinbare Widersprüche enthalten:*
  Gott ist kein mächtiger Herrscher, aber er ist stark, weil er bei den Schwachen ist.
  Gott hat keine laute Stimme, aber eine wunderbare Stille.
  Gott gibt nicht die Antwort auf alle Fragen, aber er ist bei allen, die nach ihm fragen.
- *Betrachtet gemeinsam oder in kleinen Gruppen die Plastik Deuteseite* 75*, zieht Fotokopien davon und schreibt Wörter oder Sätze dazu, die euch spontan einfallen. Welchen Titel gebt ihr euren Gestaltungen? Stellt der ganzen Religionsgruppe eure Gedanken zum Bild vor und sprecht darüber.*

Aus Psalm 109

Der, den ich preise, soll doch nicht
schweigen! Schweig doch nicht einfach!

Du, mein Ein und Alles!
Handle so, wie ein Herrscher und Herr handelt.
Reiß mich heraus!
Du kannst es doch!
Denn ich bin doch gar nichts.
Ich zittere am ganzen Leib.
Ich bin nur noch ein Schatten,
der an der Wand entlanghuscht
und verschwindet.
Man schüttelt mich ab wie Ungeziefer.
Die Knie sind ganz weich.
Ich esse nichts.
Ich werde immer weniger.
Ich bin schon fast ein Gerippe.
Jetzt lachen sie, ein Hohngelächter.
Sie schütteln den Kopf, wenn sie mich sehen.
Hilf mir! Herr, mein Gott!
Du kannst mich retten!
Rette mich!
Zeig ihnen, wer du bist!
Dass du mein Herr bist, jener,
der mich gerettet hat.

Ich will den Herrn preisen, ganz laut,
vor einer gewaltigen Masse werde ich ihn rühmen.
Denn ER ist es, der dem Unterdrückten beisteht
und ihn vor den furchtbaren Richtern rettet.

Übersetzung aus dem Hebräischen von Arnold Stadler

Günther Uecker, 1982

Spuren Gottes in den Weltreligionen

„Von den ältesten Zeiten bis zu unseren Tagen findet sich bei den verschiedenen Völkern eine gewisse Wahrnehmung jener verborgenen Macht, die im Lauf der Welt und in den Ereignissen des menschlichen Lebens gegenwärtig ist, und nicht selten findet sich auch die Anerkenntnis einer höchsten Gottheit oder sogar eines Vaters."

Zweites Vatikanisches Konzil, Erklärung „Nostra aetate" Nr. 2*

Dialog der Religionen beim Weltfriedenstreffen unter dem Motto „Zwischen Krieg und Frieden. Religionen und Kulturen begegnen sich"*

„In unserer Zeit, da sich das Menschengeschlecht von Tag zu Tag enger zusammenschließt und die Beziehungen unter den verschiedenen Völkern sich mehren, erwägt die Kirche mit umso größerer Aufmerksamkeit, in welchem Verhältnis sie zu den nichtchristlichen Religionen steht. Gemäß ihrer Aufgabe, Einheit und Liebe unter den Menschen und damit auch unter den Völkern zu fördern, fasst sie vor allem das ins Auge, was den Menschen gemeinsam ist und sie zur Gemeinschaft untereinander führt."

Zweites Vatikanisches Konzil, Erklärung „Nostra aetate" Nr. 1*

Beim Friedensgebet der Religionen in Assisi/Italien mit Papst Johannes Paul II., 1986

„Der Heilswille (Gottes) umfasst auch die, welche den Schöpfer anerkennen, unter ihnen besonders die Muslime, die sich zum Glauben Abrahams bekennen und mit uns den einen Gott anbeten, den barmherzigen, der die Menschen am Jüngsten Tag richten wird."

Zweites Vatikanisches Konzil, Erklärung „Nostra aetate" Nr. 3*

„Mit dem Volk der Schrift (Juden und Christen) streitet nur auf die anständigste Weise und sagt: Wir glauben an das, was uns, und an das, was euch offenbart worden ist. Allah, unser Gott und euer Gott, ist nur einer, und wir sind ihm ergeben (ergeben = *muslim*)."

Koran, Sure 29,46

Papst Benedikt XVI. in der Blauen Moschee in Istanbul/Türkei, 2006

- *Recherchiert in Büchern und im Internet über das Friedensgebet von Assisi und findet heraus, wie es heute von der Gemeinschaft St. Egidio in Rom weitergeführt wird: www.santegidio.org*
- *Sucht nach Berichten über Begegnungen und gemeinsamen Aktionen von Angehörigen verschiedener Weltreligionen, lest ihre Erklärungen und stellt ihre Ziele dar.*
- *Stellt zusammen, was die einzelnen Weltreligionen für Frieden und Gerechtigkeit, Bewahrung der Schöpfung und Nachhaltigkeit (Konziliarer* Prozess) tun: www.oikoumene.net*
- *Informiert euch über die Bewegung „Weltethos" und die Suche nach gemeinsamen Regeln und Verhaltensweisen für das Zusammenleben und Überleben auf dieser Erde: www.weltethos.org*
- *Die Fotos zeigen: Immer wieder kommt es zu Begegnungen zwischen Verantwortlichen verschiedener Religionen. Stellt dar, welche Chancen und Probleme damit verbunden sein können.*
- *Die eigene Religion nimmt im Alltag vieler Menschen nur einen kleinen Platz ein. Wenn ihr mit Muslimen oder Buddhisten zusammentrefft: Welche Fragen würdet ihr ihnen stellen? Ebenso könnte dich ein Buddhist bitten: „Erzähl mir von deiner Religion!", und fragen: „Warum bist du Christ/in?"*
- *Oben findest du zwei wichtige Texte, einen aus dem heiligen Buch des Islams, dem Koran, und einen aus einem Dokument der katholischen Kirche. Beide betreffen das Verhältnis zu anderen Religionen. Fasst in eigene Worte, was sie über Gott, über die Muslime und die Christen aussagen.*

Gottes Spuren sehen

Ich glaube
an den Schöpfer des Universums
den Herrn der Weltgesetze
den Gott der Menschenherzen
der alles in allem ist
Heiliger Geist
Brennende Mitte
Fleisch gewordenes Wort
Alpha und Omega

Ich glaube
dass Jesus durch sein Leben
die Menschenfreundlichkeit Gottes
verkündet hat
und seine Botschaft
uns die Richtung zur wahren
Menschwerdung aufzeigt

Ich glaube
an ein ewiges Leben
und dass der Mensch auch im Tod
nicht tiefer fallen kann
als in Gottes Hände
und dort ist Leben
Amen

Magdalena Marx

- *Magdalena Marx schrieb das Glaubensbekenntnis* in ihren Worten. Vergleicht ihren Text mit dem Apostolischen Glaubensbekenntnis im Gotteslob Nr. 2,5. Nun schreibt jede/r von euch in Anlehnung an dieses Apostolische Glaubensbekenntnis eines in eigener Sprache. Könnt ihr euch anschließend in einer Gruppe auf einen gemeinsamen Text einigen?*
- *Das Bild rechts trägt den Titel „Die wahre Dreiheit in der wahren Einheit". Betrachtet den Aufbau, die Farbgebung des Bildes und die Haltung der menschlichen Gestalt. Wie passt das zum Titel?
  Wie wirkt das Bild auf dich?
  Setzt das Bild in Beziehung zu den Aussagen über die Dreieinigkeit* von Vater, Sohn und Heiligem Geist!*
- *Wenn ihr das Kapitel 1: „Jesus neu entdecken" und das Kapitel 3: „Hoffen über den Tod hinaus" durchblättert, findet ihr Hinweise auf und Teile des Glaubensbekenntnisses. Stellt die Aussagen zusammen.*

Nach einer Vision der Hildegard* von Bingen, um 1180

Spuren im Sand

Eines Nachts hatte ich einen Traum:
Ich ging am Meer entlang mit meinem Herrn.
Vor dem dunklen Nachthimmel erstrahlten,
Streiflichtern gleich, Bilder aus meinem Leben.
Und jedes Mal sah ich zwei Fußspuren im Sand,
meine eigene und die meines Herrn.

Als das letzte Bild an meinen Augen vorübergezogen war,
blickte ich zurück. Ich erschrak, als ich entdeckte,
dass an vielen Stellen meines Lebensweges
nur eine Spur zu sehen war.
Und das waren gerade die schwersten Zeiten meines Lebens.

Besorgt fragte ich den Herrn:
„Herr, als ich anfing, dir nachzufolgen,
da hast du mir versprochen,
auf allen Wegen bei mir zu sein.
Aber jetzt entdecke ich,
dass in den schwersten Zeiten meines Lebens
nur eine Spur im Sand zu sehen ist.
Warum hast du mich alleingelassen,
als ich dich am meisten brauchte?"

Da antwortete er:
„Mein liebes Kind, ich liebe dich
und werde dich nie alleinlassen,
erst recht nicht in Nöten und Schwierigkeiten.
Dort, wo du nur eine Spur gesehen hast,
da habe ich dich getragen."

Margaret Fishback Powers

großer gott klein

großer gott:
uns näher als haut
oder halsschlagader
kleiner
als herzmuskel
zwerchfell oft:
zu nahe
zu klein
wozu
dich suchen?

wir:
deine verstecke

Kurt Marti

Gott ist da – Ein Erlebnis auf einer Straße in Köln

Gestern bin ich in Köln gewesen. Es war angenehmes, sonniges Wetter. Ich fühlte mich von meinen Schülerinnen geschätzt. Unter den Bäumen der Volksgartenstraße hatte ich mein Erlebnis: Während ich dort über die Straße ging, wurde mir plötzlich ganz klar bewusst: Gott ist da, er ist hier, „Er, der derjenige ist, der da ist". Es war, als ob es fühlbar war, als ob der blaue Himmel über den Bäumen vibrierte, als ob eben alles sich bewegte, die Bäume, der Himmel. Es war plötzlich überwältigend, innezuwerden, dort mitten auf der Straße in Köln: Gott ist da! Mir wurde bewusst, dass ich das noch nie so deutlich erlebt hatte. Es war, als ob alles auf einmal ganz anders und ganz neu war, als ob ich nie einsam sein könnte, als ob alles, was ich tue, auf einmal entsetzlich unwichtig wurde. Tief in mir entstand die Vermutung: Das ist glauben.
Meine Erfahrung von „Gott ist da" ist mir an dem Tag geblieben. Der Gedanke beflügelte mich: Nun wirst du dein ganzes Leben nie mehr echt einsam sein.
Etwa vierzehn Tage lang ist dieses Erlebnis bei mir geblieben – oder in mir geblieben – oder hat es angedauert. Danach wurde es schwächer, sodass ich es nicht mehr erlebte, aber daran mit Freude zurückdenken konnte. Ein richtiges Gefühl von totaler Einsamkeit, das ich vorher des Öfteren hatte, habe ich seitdem nicht mehr gehabt.

Martin Jilesen

Von guten Mächten wunderbar geborgen

T: Dietrich Bonhoeffer, geschrieben zum Jahreswechsel 1944/45 in Gestapo-Haft
M: Siegfried Fietz

2. Noch will das Alte unsere Herzen quälen,
noch drückt uns böser Tage schwere Last.
Ach, Herr, gib unseren aufgescheuchten Seelen
das Heil, das du für uns bereitet hast.
3. Und reichst du uns den schweren Kelch, den bittern
des Leids, gefüllt bis an den höchsten Rand,
so nehmen wir ihn dankbar ohne Zittern
aus deiner guten und geliebten Hand.
4. Doch willst du uns noch einmal Freude schenken
an dieser Welt und ihrer Sonne Glanz,
dann wolln wir des Vergangenen gedenken
und dann gehört dir unser Leben ganz.
5. Lass warm und still die Kerzen heute flammen,
die du in unsere Dunkelheit gebracht.
Führ, wenn es sein kann, wieder uns zusammen.
Wir wissen es, dein Licht scheint in der Nacht.
6. Wenn sich die Stille nun tief um uns breitet,
so lass uns hören jenen vollen Klang
der Welt, die unsichtbar sich um uns weitet,
all deiner Kinder hoher Lobgesang.

Gott in Lebensgeschichten finden

Ein Gott-Sucher: Christophorus

Es lebte einmal ein Riese. Sein Name war Ophorus. Er hatte sich in den Kopf gesetzt, nur dem mächtigsten Herrn dieser Erde zu dienen. „Du musst nach Osten gehen“, sagten die Leute. „Dort, wo die Sonne aufgeht, wirst du ihn finden.“
Im Osten war das Reich des Artaxerxes. Er war der mächtigste Herr der Erde. Die Menschen in seinem Lande waren so viele, dass man sie nicht zählen konnte. Nach vielen Wochen kam Ophorus in das Reich des Artaxerxes. Der König nahm ihn mit Freuden auf. Er machte ihn gleich zum Anführer seines Heeres. Sahen die Feinde den Riesen, ergriffen sie vor Schrecken die Flucht. Viele Jahre wagten sie nicht mehr, in das Reich des Königs einzufallen.

Nach langer Zeit des Friedens bedrohte wieder ein feindliches Heer den König. Zugleich zog am Himmel ein gewaltiges Gewitter auf. Blitze zuckten hernieder. Dunkle Wolken verdeckten die Sonne. Der König sah zum Himmel und rief voll Angst: „Ein böses Zeichen! Wir sind verloren. Die Feinde werden siegen!“ Der Riese spürte: „Der König ist doch nicht der mächtigste Herr der Erde.“ So nahm er Abschied. Ophorus suchte weiter. „Der Böse“, sagten einige, „ist der mächtigste Herr der Erde. Diene ihm! Keiner hat mehr Macht als er.“ „Wo finde ich ihn?“, fragte der Riese. „Überall, wo Böses geschieht“, sagten sie. „Du dienst ihm, wenn du Böses tust, wenn du die Menschen zum Bösen anstiftest, zu Lüge, Neid, Hass, Streit und Krieg.“ Ophorus diente nun dem Bösen. Es gefiel ihm zwar ganz und gar nicht, aber er wollte ja dem mächtigsten Herrn der Welt dienen. So tat er Böses. Der Böse stachelte ihn zu immer schlimmeren Taten an.
Eines Tages kamen sie an einem Wegkreuz vorbei. Da fing der Böse an zu zittern. Er wagte nicht, dem Gekreuzigten in das Gesicht zu blicken. Ophorus spürte: „Der Böse hat Angst vor dem Mann am Kreuz. Der Mann am Kreuz ist stärker als der Böse.“ Da wurde es dem Riesen leicht ums Herz. Er konnte sich vom Bösen abwenden.

Ophorus wollte nun den Gekreuzigten suchen und ihm dienen. „Wer ist der Mann am Kreuz?“, fragte er die Menschen. „Wo kann ich ihn finden?“ „Er ist der Gute“, antworteten sie. „Du dienst ihm, wenn du Gutes tust. Stifte Frieden! Schlichte Streit! Hilf den Schwachen und Armen!“ Ein alter Mann sagte: „Hier fließt ein reißender Fluss. Kein Schiff kann ihn überqueren, keine Brücke ihn überspannen. Du aber bist groß und stark. Du kannst die Menschen hinübertragen. So dienst du dem guten Herrn dieser Erde. Gehe und warte. Er wird dir am Fluss begegnen.“ Da setzte sich der Riese ans Ufer und wartete – und trug die Menschen über den Fluss. So diente er allen, die ihn brauchten.

Eines Nachts hörte der Riese eine Stimme: „Ophorus, komm und setz mich über!“ Er schaute über den Fluss. Ein kleines Kind stand am anderen Ufer. „Nur ein Kind“, dachte Ophorus und hob es auf seine Schultern. Dann stieg er in den Fluss. Je weiter er aber schritt, desto schwerer wurde ihm die Last. Das Wasser stieg immer höher. Ophorus hatte große Angst, er müsse ertrinken.
Da plötzlich gingen ihm die Augen auf. Er erkannte im Kind den Größten und Mächtigsten, den Herrn über Himmel und Erde. Am anderen Ufer setzte Ophorus das Kind behutsam nieder. Es schaute ihn freundlich an und sagte: „Wenn du den Armen dienst, dann dienst du mir. Wenn du die Kleinen und Schwachen trägst, dann trägst du mich. Du sollst nicht mehr Ophorus heißen, sondern CHRISTOPHORUS. Das heißt: Der, der Christus trägt.“

Erzählt von Franz Kett

- Wenn ihr erfahren wollt, wie Menschen Gott begegnet sind und davon berichtet haben, müsst ihr die Geschichten von heiligen Männern und Frauen daraufhin durchlesen. Sucht euch eine/n Heilige/n aus – z.B. eure/n Namenspatron/in –, informiert euch über Leben, Legende, Bilder, eventuell Brauchtum und Nachwirkung als Vorbild bis heute und stellt daraus eine Ausstellung zusammen.
- Gestaltet einen Abend in der Schule oder Pfarrgemeinde, an dem ihr eure Heiligen vorstellt.

Menschen erzählen von ihrem Glauben

Wolfgang Thierse: Es ist unüblich geworden, dass da einer sein Gewissen, sein persönliches Bekenntnis zeigt und sich damit auch angreifbar macht. Aber nicht, weil man religiös ist, ist man schon ein besserer Politiker, selbstverständlich. Man muss als Politiker, der zugleich Christ ist, auch strikt politisch argumentieren. Der Hinweis darauf, dass ich etwas aus religiösen Gründen für richtig oder besser halte, reicht nicht. Ich muss meine Glaubensüberzeugung so artikulieren, dass sie anderen verständlich ist, die diesen Glauben nicht teilen.

Mutter Teresa*: Das Zweifeln an Gottes Existenz ist so alt wie der Glaube selbst. Dass jedoch auch Personen, die ihr Leben Gott gewidmet haben, von solchen Zweifeln heimgesucht werden, hat manche Menschen trotzdem erstaunt. In dem Buch „Mother Teresa: Come Be My Light" sind Briefe von Mutter Teresa veröffentlicht: „Für mich sind die Stille und Leere so groß, dass ich umherschaue und nicht sehe, dass ich lausche und nichts höre – meine Zunge bewegt sich, wenn ich bete, aber sie sagt nichts. Ich bitte Sie, für mich zu beten, auf dass ich Ihm freie Hand lasse." Auch andere Auszüge legen den Schluss nahe, dass Mutter Teresa in ihrer zweiten Lebenshälfte Gottes Gegenwart oft nur schwerlich fühlen konnte.

Harald Schmidt: In der ARD-Talkshow „Beckmann" sprach Harald Schmidt über Glaube und Religion. Er selbst gehe regelmäßig in die Kirche. „Als Hilfsorganist steckt das in mir drin", meinte der Fernsehmoderator. Wenn er in seiner Sendung Kirchliches despektierlich behandele, bekomme er von seiner Mutter Kritik zu hören. Sie wolle keine frechen Bemerkungen über die Kirche. Der Fernsehstar äußerte sich auch zur religiösen Erziehung seiner Kinder. Er würde ihnen zwar nicht vorschreiben, Messdiener zu werden, berichtete der vierfache Vater, die Kinder bekämen aber ein katholisches Wertesystem vermittelt.

- Ergänzt Information zum Lebenslauf der hier vorgestellten Personen, zu ihrer beruflichen Tätigkeit und ihrer religiösen Einstellung und Praxis.
- Vermutlich interessieren euch auch die Biografien weiterer Personen. Wenn ihr sie zusammenstellt, achtet besonders auf Spuren Gottes in deren Leben.
- Nimm persönlich Stellung zu diesen Personen: Was beeindruckt dich? Was stört dich? Womit kannst du dich identifizieren?

Gott erfahren

Einander segnen

Wir alle brauchen Zeichen des Vertrauens und der Hoffnung. Einander segnen, also einander etwas Gutes zusprechen, heißt, das erste JA in unserem Leben, Gottes JA zu uns, zu erneuern.
Wasser ist Ausdruck der göttlichen Quelle in uns. Wir zeichnen uns beim Betreten und Verlassen einer Kirche mit Weihwasser ein Kreuzzeichen auf die Stirn. Das erinnert uns an die Taufe, in der wir von Anfang an ohne eigenes Zutun von Gott angenommen und gesegnet wurden.
Auch in anderen Gesten können wir diesen Segen ausdrücken:

- Wenn wir einander umarmen
- Wenn wir uns beim Abschied ein gutes Wort sagen
- Mit einem Freundschaftsbändchen

Kraft zum Unterwegssein

Kraft zum Unterwegssein
wünsche ich dir:
Gottes Bestärkung in deinem Leben
Mut zur Versöhnung
wünsche ich dir:
Gottes Wohlwollen in deinem Leben
Grund zur Hoffnung
wünsche ich dir:
Gottes Licht in deinem Leben
Vertrauen zum Miteinander
wünsche ich dir:
Gottes Verheißung,
sein Volk zu sein
Begeisterung zum Aufbruch
wünsche ich uns:
Gottes Wegbegleitung
und Segen.

Pierre Stutz

- *Betrachtet gemeinsam in Stille das Bild. Es erinnert an ein Wellenmuster, das ein ins Wasser geworfener Stein auslöst. Auf einer vergrößerten Fotokopie des Bildes kann jede/r von euch markieren, in welcher Nähe er oder sie sich zu Gott wahrnimmt, wie ihr von der Frage nach Gott bewegt seid.*
  Sprecht danach mit einem Partner, einer Partnerin über eure Einstellung zu Gott.
- *Ihr könnt den Text von Pierre Stutz weiterschreiben, indem ihr selbst für eine/n andere/n einen Segenswunsch aufschreibt und ihn überreicht ...*
- *... oder ihr schreibt eure Segenswünsche zusammen auf ein Plakat.*

6 Ich nehme dich an

Rezept für eine Partnerschaftstorte

Man nehme:
1 Liter gemeinsame Vorstellungen und Erwartungen
1 kg gegenseitigen Respekt und Wertschätzung
500 g Treue
1 Prise gegenseitiger Offenheit
1 Messerspitze Kompromisse

Wahlweise zu würzen mit kleinen Geschenken und sexuellen Höhepunkten. Mischen Sie die Zutaten gut und kochen Sie alles ausreichend lange in Harmonie gar.

Kinderleicht und garantiert dauerhaft!

Gedanken zur Ehe

Wenn eine Frau ihren Freund,
ein Mann seine Freundin
heiratet,
kommt es oft dahin,
dass sie nur noch
Ehemann und Ehefrau sind –
nicht mehr Freunde.

Kristine Allert-Wybranietz

Was bedeutet es für uns, geschlechtlich bestimmt zu sein und entweder als Mann oder als Frau zu leben?
Die Geschlechter sind einander zugeordnet. In ganz besonderer Weise erlebt sich der Mensch als einmalig und unvertretbar im liebenden Miteinander und im Einswerden der Liebe, denn in der Liebe begegnen Mann und Frau einander als Personen: Ich liebe dich, weil du du bist, einmalig und unverwechselbar.
In der Liebe überschreitet sich eine Person auf die andere hin. Das Zustandekommen und Reifen dieser Beziehung drückt sich leibhaft aus. Da die sexuellen Kräfte und Verhaltensweisen des Menschen nicht durch Instinkte festgelegt sind, müssen Mann und Frau ihnen eine sinnvolle Gestalt geben.

Katholischer Erwachsenenkatechismus

Die Kirche verurteilt jede Diffamierung homosexuell veranlagter Menschen. Gleichgeschlechtlich orientierte Menschen sind für ihre homosexuellen Handlungen genauso verantwortlich wie gegengeschlechtlich orientierte Menschen für ihre heterosexuellen Handlungen. Weil die Zeugung von Kindern nur in einer heterosexuellen Beziehung möglich ist, versteht die Kirche die Ehe zwischen Mann und Frau als den eigentlichen Raum der vollen Geschlechtsgemeinschaft.

Nach dem Katholischen Erwachsenenkatechismus

Bereinigung

Besser
ich komme
ins Reine
mit meiner
Unreinheit

als dass ich
mit meiner
Reinheit
ins Unreine
komme

Erich Fried

Darum verlässt der Mann seinen Vater und seine Mutter und bindet sich an seine Frau, und sie werden ein Fleisch.

Gen 2,24

Echte Liebesgeschichten gehen nie zu Ende.

Marie von Ebner-Eschenbach

gefressen

mich fraß
das ungeheuer
zärtlichkeit

hurra hurra
jetzt bin ich
nicht mehr da

und den
ihr seht
wie er hier steht

ist bloß noch
virtuell
zur stell

Kurt Marti

Lebensformen vergleichen

Menschen leben in unterschiedlicher Weise zusammen.

Vergleiche die Namensschilder. Du kannst dich auch in deiner Straße umschauen.

Gestalte das Bild einer Familie und wähle unter folgenden Möglichkeiten aus:

a) *Realistisches Bild:* Du versuchst die Personen naturgetreu zu zeichnen.

b) *Bild aus Farben und Formen:* Jede Farbe steht für ein Familienmitglied; entscheide, welche Form und Größe du den einzelnen Personen geben willst.

c) *Symbolbild:* Wähle ein Symbol für jede/n Angehörige/n aus.

d) *Tierbild:* Die Familienangehörigen werden durch unterschiedliche Tiere dargestellt.

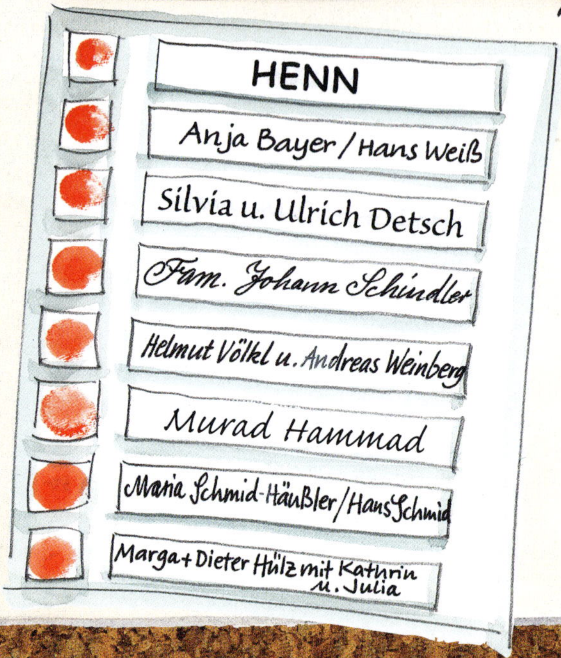

Schreibspiel „Partnerschaft“

Ganz verschiedene Gedanken und Stichwörter fallen euch ein, wenn ihr – allein, mit einem Partner oder in Gruppen – zu jedem Buchstaben ein passendes Wort sucht: Dieses Schreibspiel lässt sich auch mit jedem anderen Wort durchführen, z.B. mit „Liebe“, „Heiraten“, „Scheidung“ usw.

Lieder, Gedichte, Bilder finden

Über kaum ein Thema wurde und wird so viel gesungen, geschrieben, gemalt, fotografiert wie über Liebe, Partnerschaft, Ehe. Sucht solche Lieder, Texte (z.B. Gedichte) und Bilder. Stellt sie euch gegenseitig vor. Welches Verständnis kommt jeweils zum Ausdruck?

Erwartungskiste füllen

Bastelt eine Kiste und füllt sie mit unterschiedlich gekennzeichneten Zetteln (Mädchen, Jungen), die eure Erwartungen an den jeweiligen Wunschpartner enthalten. Zieht anschließend die Zettel aus der Kiste und sprecht darüber. Unterscheiden sich die Erwartungen von Mädchen und Jungen?

Ein Partnerschaftshaus bauen

Beschriftet in einer Gruppe Papier oder Kartonstreifen mit Begriffen, die ihr im Schreibspiel Partnerschaft 88 gefunden habt. Baut mit den beschrifteten Streifen ein Partnerschaftshaus. Euer Haus hat ein Fundament, tragende Wände, Zwischenmauern, ein Dach, Türen und Fenster und auch einen Kamin. Entscheidet in der Gruppe, welche Bausteine ihr wozu verwendet.
Ihr könnt auch Bausteine aussondern (Bauschutt); vielleicht merkt ihr beim Bauen, dass wichtige Steine fehlen.
Durch farbiges Gestalten könnt ihr noch einmal Schwerpunkte setzen.
Die Partnerschaftshäuser werden ausgelegt oder an der Wand befestigt. Jede Gruppe erläutert ihr Haus und diskutiert mit den anderen Gruppen.

Im Garten

Schön bist du, mein Geliebter,
verlockend.
Frisches Grün ist unser Lager,
Zedern sind die Balken unseres Hauses,
Zypressen die Wände.

In seinem Garten ging mein Geliebter
zu den Blumenbeeten,
um sich in den Balsamgründen zu weiden,
um Lilien zu pflücken.
Meinem Geliebten gehöre ich
und mir gehört mein Geliebter,
der in den Lilien weidet.

Aus dem Hohelied der Liebe, 1,16 f. und 6,2 f.

Das Hohelied der Liebe wurde vor 3000 Jahren verfasst und steht im Alten Testament.
Schreibe den Text in eine heutige Sprache um.
So wie im Hohelied wird die Liebe oft als Garten besungen. Die Liebe „blüht“; Liebende erfahren sich wie im „Paradies“; sie schenken sich Blumen.
Male ein Bild mit der Überschrift: „Garten der Liebe“.

Baum der Treue

Wer staunend vor einer Eiche steht, dem fallen bestimmte Wörter und Bilder ein. Zwei sind bereits genannt.
Schreibe auf einen Zettel möglichst spontan die Wörter auf, die dir zu „Eiche“ bzw. beim Betrachten des Baumes einfallen.
Vieles, was uns zu „Eiche“ einfällt, passt auch zu „Treue“. Die Eiche kann deshalb ein Symbol für die Treue sein. „Treue“ und „Eiche“ sind auch von der Sprache her alte Verwandte. Beide Worte haben die gleiche indogermanische Wurzel im Wort „drewo“. Drewo bedeutet Baum.
Male einen „Baum der Treue“ und füge die Worte, die zu „Eiche“ und „Treue“ passen, in das Bild ein.

IRRITATION

Ich frage
wie definierst du
eigentlich Liebe

Du trägst dein Haar
wenn du mich triffst
wie ich es mag
liegst hier mit mir herum
küsst mich
als müsstest du
ohne meinen Mund
verdursten
jagst dein Telefon
durch immer neue Mobilfunknetze
nur um
törichte Worte
zu hören
kannst von mir
Geschriebenes
mühelos zitieren
schreibst ellenlange Briefe
mit der eingeschobenen
Bemerkung
du hättest beim
Deutschunterricht
ständig gefehlt

Aber du brauchst mich
und ich tue dir gut
und du willst es
so wie es ist
und überhaupt
nicht mehr anders

Doch Liebe ist
ein Unbegriff
zweifelhafte
Anflüge davon
vielleicht
für deinen Hund
und bestenfalls noch
für deinen kleinen Bruder

Was uns betrifft
muss wohl ein
von den Hormonen verschuldetes
Versehen diagnostisch
festgestellt werden

oder wie

Nach Manfred Herrnkind

- *Im Gedicht werden zwei unterschiedliche Gefühle angesprochen, welche? Was unterscheidet das eine vom anderen? Fertigt Plakate an und haltet die Ergebnisse fest.*
- *Welches der beiden Gefühle findet ihr im Bild von Herbert Bardenheuer wieder? Begründet eure Meinungen.*
- *Herrnkind nennt sein Gedicht „Irritation". Diese Irritation wirkt sich auf das Gelingen oder Scheitern einer Beziehung aus. Erläutere den Zusammenhang aus deiner Sicht und halte ihn in einer Mind Map fest.*
- *Das Gedicht von Erich Fried Themenseite* 87 *spricht eine weitere wichtige Voraussetzung für eine gelingende Partnerschaft an. Welche Voraussetzungen müssen aus deiner Sicht noch gegeben sein, damit eine partnerschaftliche Beziehung zwischen zwei Menschen gelingt? Halte deine Einsichten in einem Leserbrief fest.*
- *„Liebe ist, miteinander in die gleiche Richtung zu schauen" (Augustinus). Sicherlich findet ihr Beispiele dafür!*

Herbert Bardenheuer, 1977

Sexualität verantwortungsvoll leben

... eine naturgegebene Kraft, die der Mensch gestalten lernen muss.

... ein Lusterlebnis.

... aneinander Spaß haben.

Sexualität ist für mich ...

... wichtig, weil ich Kinder haben möchte.

... Ausdruck tiefen gegenseitigen Vertrauens.

... etwas Peinliches.

... zärtlich zueinander zu sein.

... eine Energie, die den ganzen Menschen betrifft und die in viele seiner Wünsche, Gedanken und Entscheidungen hineinspielt.

- *Die Aussagen geben unterschiedliche Meinungen zum Thema Sexualität wieder. Suche dir eine Sprechblase aus und verfasse einen kurzen Text, der diese Sichtweise erläutert.*
- *Weitere Einstellungen zum Thema Sexualität kannst du mit eigenen Sprechblasen ergänzen.*
- *Das Bild auf Deuteseite* 93 *drückt die Vielschichtigkeit des Themas aus. Das könnt ihr prüfen, indem ihr aufzeigt: Welche der Aussagen oben wurden im Foto festgehalten?*
- *Die Meinungen in den Sprechblasen zeigen, dass die Überschrift unterschiedlich verstanden werden kann. Arbeitet unterschiedliche Standpunkte heraus, sammelt Information zur Überschrift und veranstaltet ein Streitgespräch zum Thema. Bezieht auch die Stellungnahme der Kirche von Themenseite* 86 *ein.*

Jan Saudek, 1966

Liebe und Partnerschaft …

Anna (23 J.) und Thomas (26 J.) *haben sich vor Kurzem verlobt und leben seitdem zusammen in einer kleinen Wohnung. Anna hat eine anstrengende Arbeitswoche hinter sich und freut sich auf ein ruhiges Wochenende zusammen mit ihrem Partner. Doch als sie am Samstagmorgen am Frühstückstisch besprechen will, wie sie die notwendigen Hausarbeiten und Einkäufe so aufteilen können, damit möglichst viel Zeit für gemeinsame Unternehmungen übrig bleibt, meint Thomas: „Ach, ich dachte, ich hätte dir schon gesagt, dass ich nachher mit Peter verabredet bin.“ Anna ist verärgert, weil es schon mehrfach vorgekommen ist, dass Thomas ihr nichts von seinen Plänen erzählt hat und die Hausarbeit stets an ihr hängen bleibt.*

Patrick (19 J.) und Paul (20 J.) *sind seit einem Jahr zusammen. Vor Kurzem ist in der Berufsschule herausgekommen, dass Patrick homosexuell ist. Seitdem machen seine Klassenkameraden einen Bogen um ihn. In der Pause ist Patrick nun oft allein. Wenn er sich in seiner Freizeit mit seinem Freund trifft, ist er oft niedergeschlagen.*

Jede Liebesbeziehung lebt von der Erfüllung der Bedürfnisse der oder des anderen. Das bedeutet aber auch: Wir müssen uns regelmäßig um den Partner bemühen und dafür sorgen, dass ihre bzw. seine Bedürfnisse nicht zu kurz kommen. Für das Gelingen einer Partnerschaft ist es entscheidend, dass wir und unsere Partnerin bzw. unser Partner uns einig sind in unseren Erwartungen und Vorstellungen. Und natürlich müssen wir bereit sein, die wichtigsten Bedürfnisse der bzw. des anderen auch zu befriedigen.
Was bedeutet das nun für eine Partnerschaft? Es bedeutet, dass eine Beziehung nur „funktioniert“, wenn beide bereit sind, zu geben, zurückzustecken und Kompromisse zu schließen. Es erfordert auch die Bereitschaft beider Partner, Probleme offen und ehrlich anzusprechen, einander zuzuhören, die Meinung der und des anderen ernst zu nehmen und sich im Gespräch gemeinsam um eine Lösung zu bemühen.

- *Den anderen auch im Alltag anzunehmen, ist nicht immer einfach. Inwiefern wird das an den einzelnen Szenen deutlich? Welche Wünsche bleiben hier offen, welche Erwartungen werden enttäuscht? Sprecht darüber! Tauscht euch auch über mögliche Folgen aus.*
- *Wie würdet ihr euch in der jeweiligen Situation fühlen? Stellt die Beziehung in einem passenden Standbild nach.*

... auch im Alltag?

Simone (18 J.) und Enzo (23 J.) *sind seit zwei Jahren ein festes Paar. Simone steckt in der Ausbildung zur Bürokauffrau, und Enzo arbeitet als KFZ-Mechaniker. Abends ist er meist müde, wenn er von der Arbeit kommt. Simone findet ihn mittlerweile langweilig, weil er nur noch selten mitgeht, wenn sie abends mit ihren Freundinnen loszieht. Sie fühlt sich noch zu jung, um jeden Abend vor dem Fernseher zu verbringen. Als sie wieder einmal von einer Diskotour spät in der Nacht heimkommt, erwartet sie Enzo bereits. Er will ein klärendes Gespräch führen.*

Svenja (24 J.) und Marvin (25 J.) *sind seit zwei Jahren verheiratet. Svenja erwartet ihr erstes Baby von Marvin. Da die Schwangerschaft von Anfang an nicht problemlos war, dreht sich seitdem alles nur um das Wohlbefinden von Svenja und dem ungeborenen Kind. Marvin fühlt sich auf dem Abstellgleis. Während Svenja viel liegen muss, bricht er immer häufiger noch am Abend zu einer Kneipentour mit Freunden auf. Wenn er in der Nacht heimkommt, hat er meist zu viel getrunken und schläft dann auf dem Sofa ein. Svenja ist verzweifelt.*

Manchmal werden die Schwierigkeiten in der Partnerschaft so groß, dass sich die Partner fragen: Passen wir überhaupt noch zusammen? Dann kann es sehr schwierig sein, im gemeinsamen Gespräch eine Lösung zu finden. Dann kann es helfen, die Unterstützung von Menschen in Anspruch zu nehmen, die hierfür speziell ausgebildet sind, z.B. BeraterInnen in Krisen- und Beratungsstellen. Auch kann es helfen, entsprechende Ratgeber zu lesen, um eine Krise in der Partnerschaft zu bewältigen. Religiösen Menschen hilft das Beten zu Gott. Sich von Gott getragen zu wissen, kann Vertrauen und Zuversicht für die Zukunft geben. Und es bewahrt davor, den Partner bzw. die Partnerin durch unrealistische Erwartungen zu überfordern. Wer seinen Halt in Gott hat, kann andere manchmal leichter annehmen, wie sie sind – mit Stärken und Schwächen.

■ *Was würdet ihr tun, um die Situation zu klären? Wie finden die beiden Partner zu einem wertschätzenden Umgang miteinander zurück? Spielt die Szenen nach und denkt euch verschiedene Schlüsse aus. Beachtet in einem zweiten Durchgang die Regeln für ein gelingendes Gespräch.*

Sich trauen …

Priester: Gott hat die Ehe zu einem Abbild seiner Liebe zu uns Menschen gemacht. Im Sakrament der Ehe schenkt er den Ehegatten seinen Beistand, damit sie einander ihr Leben lang treu bleiben können. Ich bitte Sie nun, vor allen Anwesenden zu bekunden, dass Sie bereit sind, eine solche christliche Ehe miteinander einzugehen.

Fragen an Braut und Bräutigam

Priester: Ich frage Sie: Sind Sie hierhergekommen, um nach reiflicher Überlegung aus freiem Entschluss mit Ihrer Braut (mit Ihrem Bräutigam) den Bund der Ehe zu schließen?

Antwort: Ja.

Priester: Wollen Sie Ihre Frau (Ihren Mann) lieben und achten und ihr (ihm) die Treue halten alle Tage Ihres Lebens, bis der Tod Sie scheidet?

Antwort: Ja.

Priester: Sind Sie bereit, die Kinder, die Gott Ihnen schenken will, anzunehmen und sie im Geiste Christi und seiner Kirche zu erziehen?

Antwort: Ja.

Priester (an beide): Sind Sie beide bereit, als christliche Eheleute Ihre Aufgaben in Ehe und Familie, in Kirche und Welt zu erfüllen?

Antwort (beide): Ja.

Segnung der Ringe

Priester: Bevor Sie den Ehebund schließen, segne ich im Namen Gottes die Ringe, die Sie einander überreichen werden: Heilige, o Herr, die Liebe dieser Brautleute und segne + die Ringe, die sie als Gatten tragen werden, damit sie ihnen allezeit ein Pfand der Treue und ein Zeichen ihrer Liebe bleiben. Darum bitten wir durch Christus, unseren Herrn.

Die Ehe-Erklärung

Priester: Da Sie also beide zu einer christlichen Ehe entschlossen sind, so schließen Sie jetzt vor Gott und der Kirche den Bund der Ehe, indem Sie das Vermählungswort sprechen, und stecken Sie einander den Ring der Treue an.

Vermählungsspruch von Bräutigam und Braut

Ich nehme dich an als meine Frau (meinen Mann) und verspreche dir die Treue in guten und in bösen Tagen, in Gesundheit und in Krankheit.
Ich will dich lieben, achten und ehren, solange ich lebe.

Er (sie) steckt ihr (ihm) den Ring an und fährt fort:

Trag diesen Ring
als Zeichen der Liebe und Treue.
Im Namen des Vaters und des Sohnes und
des Heiligen Geistes.

Bestätigung der Vermählung

Die Brautleute reichen einander die rechte Hand. Der Priester umwindet die beiden ineinandergelegten Hände mit der Stola und legt darüber seine rechte Hand.

Priester: Der Herr, unser Gott, festige den Ehebund, den Sie vor ihm und seiner Kirche geschlossen haben. Sie alle aber, die Sie zugegen sind, nehme ich zu Zeugen dieses heiligen Bundes. „Was Gott verbunden hat, das darf der Mensch nicht trennen."

Segnung der Neuvermählten

In dem abschließenden großen Segensgebet heißt es unter anderem:

Gewähre ihnen, o Herr, die Fülle deines Segens, damit ihre Liebe reife und sie beide in Treue miteinander glücklich werden. Beide mögen in frohen Tagen dich loben, in schweren bei dir Hilfe suchen, bei all ihrem Tun deine Nähe verspüren, in der Not deine Hilfe erfahren, in der Gemeinschaft der Kirche dich preisen und in der Welt deine Zeugen sein.

Alle: Amen

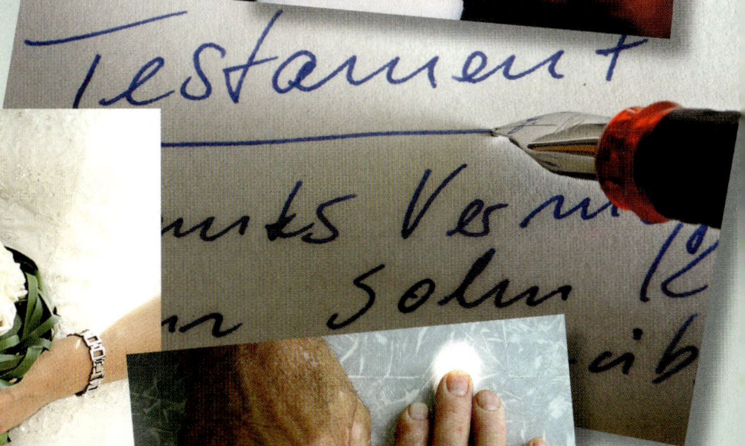
Testament

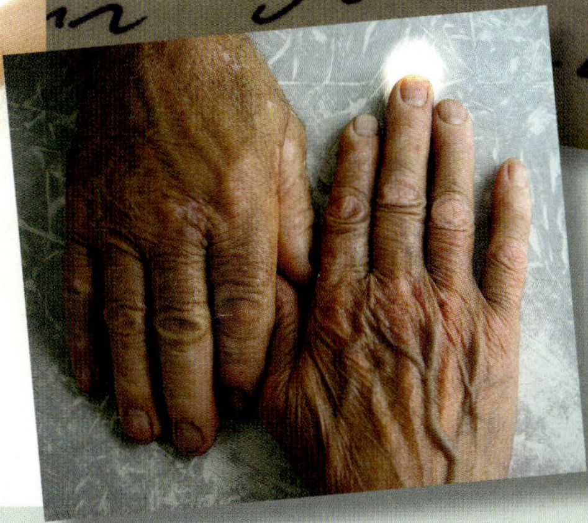

Weise uns Gott, deinen Weg,
dass wir ihn gehen in Treue zu dir.

Nach Psalm 86,11

Wo du hingehst,
da will auch ich hingehen;
wo du bleibst,
da bleibe ich auch.
Dein Volk ist mein Volk,
und dein Gott ist mein Gott.
Wo du stirbst,
da sterbe ich auch,
da will auch ich
begraben werden.

Rut 1,16-17

Die Liebe ist geduldig
und freundlich,
sie kennt keinen Neid,
keine Selbstsucht.

1 Korinther 13,4

Die Liebe erträgt alles,
glaubt alles, hofft alles,
hält allem stand.
Die Liebe hört niemals auf.

1 Korinther 13,7-8

Bis ihr grau werdet,
will ich euch tragen.

Jesaja 46,4a

Habt dieselbe Gesinnung,
dieselbe Liebe und Eintracht!
Verfolgt dasselbe Ziel!

Philipper 2,2

Führt euer Leben
eurer christlichen Berufung
entsprechend, erhebt euch
nicht übereinander, sondern
seid freundlich und geduldig
und ertragt euch
gegenseitig.

Nach Epheser 4,1-2

Besser zu zweit als allein.
Wenn sie hinfallen,
hilft einer dem andern auf:
einer allein –
wer reicht ihm die Hand?
Wenn sich zwei zusammen hinlegen,
wärmt einer den anderen;
einer allein –
wie soll der warm werden?

Nach Kohelet 4,10-11

Hier findet ihr Sprüche aus Bibel und Literatur zum Thema Lebensführung, Liebe und Treue. Findet geeignete Formen, sie für einen Traugottesdienst kreativ umzusetzen.

Leg deine Hand in meine Hand – Simi Jadech

Original: aus Israel
Textübertragung/Satz: Sigfried Macht

Zwischen dem Gesang des Hochzeitsliedes können passende Fürbitten für das Brautpaar und die Freunde der Familie gesprochen werden.
Ihr könnt euch weitere Strophen zum Lied ausdenken. Überlegt, in welcher Weise ihr das Lied musikalisch umsetzen könnt: instrumental, als Rap ...

Einen Menschen lieben,
heißt einwilligen,
mit ihm alt zu werden.

Albert Camus

Die Zukunft erwartet man nicht.
Man geht ihr entgegen!

Aus Lateinamerika

Ehe ist *nicht*, Ehe wird – *auch nach fünf, zehn, zwanzig und noch mehr Ehejahren. Nichts fordert so viel Wandel wie eine lebendige Ehe. Nur wer sich aufmacht, stößt zu neuen Ufern vor. Nur wer sich aufmacht, ist offen für neue Entwicklungen in seiner Ehe.*

Wir erkunden Partnerschaften

Hochzeitsbräuche darstellen

In vielen Gegenden ist die Eheschließung von regional typischen Hochzeitsbräuchen begleitet. Erstellt für eure Heimat ein kleines Themenheft mit Hochzeitsbräuchen.
Vielleicht könnt ihr auch Hochzeitsbräuche aus anderen Religionen ausfindig machen und sie ebenfalls darstellen.

2 Seiten

Liebe?! – Szenen einer Partnerschaft

Es gibt sehr viele Cartoons zum Thema Liebe und Partnerschaft.
Findet entsprechende Beispiele in Büchern oder im Internet. Ihr könnt auch eigene Cartoons zeichnen, ihnen pfiffige Textzeilen zuordnen und Überschriften geben.
Wählt dann aus der Fülle aus: Einigt euch auf wenige Cartoons, die eurer Meinung nach etwas Wichtiges über Partnerschaft ausdrücken.

+ Erklärung warum ausgewählt

Einen Partnerschaftskalender gestalten

Häufig denken wir beim Thema Liebe an junge Menschen. Auf Themenseite 86 findet ihr ein Foto eines langjährigen Ehepaares. Sucht Fotos von Paaren aus allen Altersstufen oder fotografiert selbst und verteilt die Bilder auf geeignete Weise in einem Jahreskalender. Ihr könnt auch die Entwicklung einer Partnerschaft über die Jahre hinweg festhalten: Welche Veränderungen könnt ihr feststellen? Vielleicht wollen euch ältere Familienangehörige oder Bekannte von ihren Erfahrungen erzählen?

↳ 2 Seiten
↳ Zeichenblock

Einen poetry slam veranstalten

Wer will texten? Verfasst eigene Gedichte und Liedtexte oder schreibt bekannte Texte um. Nutzt hierfür eure eigenen Erfahrungen und die Information aus diesem Kapitel. Auch der Songtext auf Besinnungsseite 99 kann euch anregen.
Welche Vorstellungen von Liebe und Partnerschaft kommen jeweils zum Ausdruck?
Setzt die Liedtexte entsprechend um und umrahmt euren Dichterwettstreit musikalisch.

Abstrakte Kunst gestalten

Auf Titelseite 85 stellt der Maler Miró das Thema Partnerschaft und Liebe auf abstrakte Weise dar. Gestaltet eigene Bilder im Stile Mirós oder eines anderen Künstlers, einer Künstlerin. Veranstaltet mit euren Bildern eine Ausstellungseröffnung, eine Vernissage.

Lebenspartner interviewen

Die Grafik nennt unterschiedliche Formen der Partnerschaft. Informiert euch über verschiedene Formen des Zusammenlebens. Besucht jeweils Menschen einer Lebensform und befragt sie zu einem bestimmten Thema, z.B. „Verantwortung füreinander übernehmen". Fasst eure Ergebnisse in einer geeigneten Dokumentationsform (Film, Zeitungsbericht etc.) zusammen.

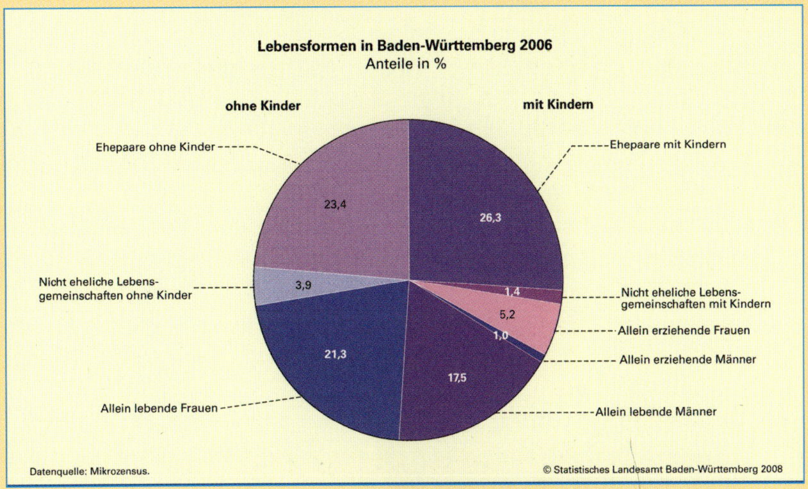

mind. 50 Leute fragen

Geschaffen als Mann UND Frau?

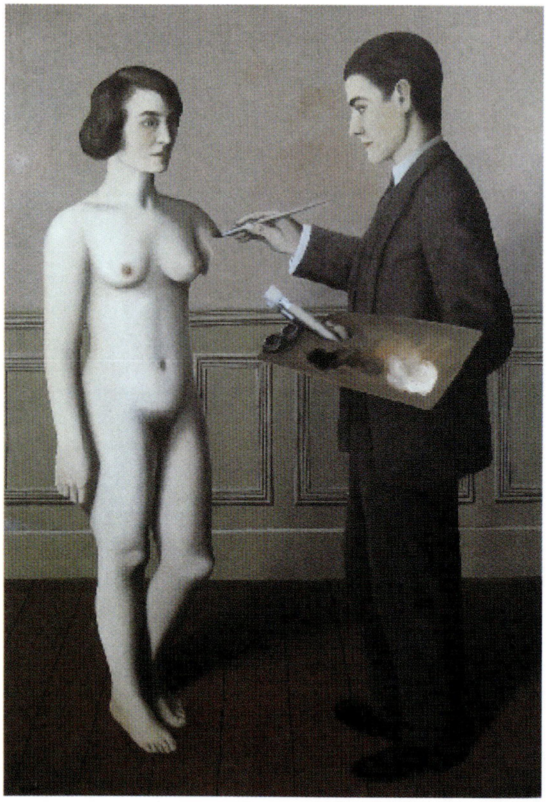

René Magritte, 1928

Marc Chagall, 1911/12

- *Ihr konntet in diesem Kapitel einiges über die Voraussetzungen für eine gelingende Partnerschaft und ihre Gestaltung erfahren. Magritte zeichnet ein etwas anderes Bild ...*
- *Lest die beiden Schöpfungserzählungen in der Bibel nach: Gen 1,26-29 und Gen 2,4b-25. Ergänzt eure Stellungnahmen zu Magrittes Bild durch den biblisch-christlichen Aspekt im Menschenbild* und durch einen Vergleich mit dem Bild von Chagall.*
- *Auf Themenseite* 86 *findet ihr das Rezept für eine gelingende Partnerschaft. Wie schätzt ihr eine solche „Kochanleitung" ein? Achtet besonders auf den letzten Satz.*
- *Auf Deuteseite* 90 *habt ihr euch mit dem Unterschied zwischen Verliebtheit und Liebe befasst. Seht euch noch mal den Comic auf Themenseite* 87 *an: Er setzt die Bedeutung des Wortes Liebe zeichnerisch um. Das Wort „Verliebtheit" würde sich hierfür wohl weniger gut eignen, oder? Stellt eure eigenen Standpunkte hierzu dar.*
- *Lies das Zitat von Marie von Ebner-Eschenbach auf Themenseite* 87 *und nimm Stellung dazu. Berücksichtige dabei die Erkenntnisse, die du durch die Arbeit mit diesem Kapitel hinzugewonnen hast.*

7 Buddhismus und Hinduismus begegnen

Siddhartha Gautama, genannt Buddha, lebte von ca. 450-370 v.Chr.
Siddhartha Gautama hat viel über Leiden und Erlösung nachgedacht. Dabei wurde ihm tiefe Erleuchtung zuteil 110. Er hat sie in der Lehre von den vier edlen Wahrheiten und vom achtfachen Pfad dargelegt 112.

Buddhistische Mönche bei der Meditation

„Die katholische Kirche lehnt nichts von alledem ab, was in diesen Religionen [Hinduismus, Buddhismus] *wahr und heilig ist. Mit aufrichtigem Ernst betrachtet sie jene Handlungs- und Lebensweisen, jene Vorschriften und Lehren, die zwar in manchem von dem abweichen, was sie selber für wahr hält und lehrt, doch nicht selten einen Strahl jener Wahrheit erkennen lassen, die alle Menschen erleuchtet."*

Zweites Vatikanisches Konzil, Erklärung „Nostra aetate" Nr. 2

„Zauberer des Herzens werden"

Wochenendseminare im Tibet Kailash Haus, Freiburg

Zauberer des Herzens gehen achtsam mit sich und anderen Menschen um, können sich entspannen und konzentrieren, achten auf ihre Gedanken und Worte und haben Freude am Leben. Unsere Zufriedenheit und unser Glücklichsein hängen im Wesentlichen von unseren Gedanken und Vorstellungen ab. Schön, wenn wir das so früh als möglich lernen. Bilder, die wir unserem Unterbewusstsein anbieten, wirken auf den ganzen Körper und zeigen Wirkung in der sichtbaren Welt.

Ein Stupa vor dem Tibet Kailash Haus. Solche Grabdenkmäler erinnern an besondere Menschen. In der Architektur des Stupa sind vier Elemente zu erkennen: die Plattform als Basis (Quadrat), das halbkugelige Kuppelgewölbe (Kreis), die Spitze mit der Reliquien-Kammer (Dreieck), die oft von einem stilisierten Schirm oder einer Krone mit Edelstein gekrönt ist (Punkt).

Als der Dalai* Lama das Zelt betritt, ist es so still, dass man eine Stecknadel fallen hören könnte. Andächtig lauschen die Menschen den Worten des Friedensnobelpreis-Trägers, der über Toleranz und Mitgefühl spricht. Eine Woche lang wird das weltliche Oberhaupt der Tibeter als einer der wichtigsten geistlichen Lehrer in der Lüneburger Heide den Buddhismus lehren. Bis zu 10 000 Menschen werden erwartet.

„Der Dalai Lama strahlt einfach eine unheimliche Ruhe und Gelassenheit aus", meint Kornelia D. aus Stuttgart. Mehrmals in der Woche geht sie dort in das Buddha-Haus zum Meditieren. „Das gibt mir Ruhe und Kraft für den Alltag", sagt die Steuerfachgehilfin. Für Klaus F. aus Karlsruhe ist der Dalai Lama bereits „mein Meister". Seit vier Jahren studiert der 41-Jährige Tibetischen Buddhismus im Fernstudium. „Der Dalai Lama hat mich tief in meinem Innersten berührt", sagt er.

Eine Umfrage starten

Zum Hinduismus und Buddhismus gehört der Glaube an einen ewigen Kreislauf, in dem sich die Welt befindet und in dem die Menschen immer wieder geboren werden. Für diesen Glauben sind „Wiedergeburt*" und „Reinkarnation*" zwei gebräuchliche Bezeichnungen.
Viele Menschen in Europa teilen diesen Glauben, ohne sich zu diesen Religionen zu bekennen. In eurer Umgebung könnt ihr durch eine kleine Umfrage herausfinden, wie verbreitet dieser Glaube ist. Folgende Fragen könnt ihr stellen:

- Wie stellen Sie sich ein Leben nach dem Tod vor?
- Glauben Sie, dass Sie früher schon einmal gelebt haben?
- Inwiefern unterscheiden sich diese (westlichen) Vorstellungen von denen der Buddhisten?

Ruhe finden

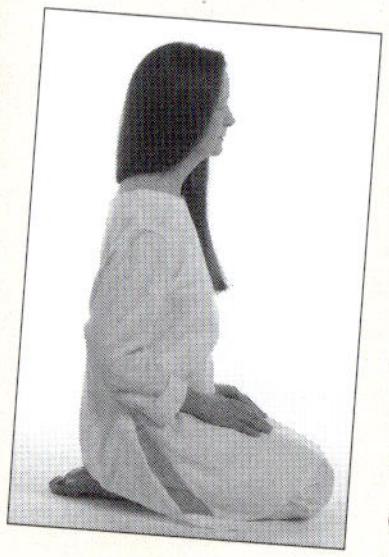

Ruhe, Konzentration und Meditation sind im Buddhismus wichtige religiöse Ausdrucksformen 114.
Viele Gläubige üben sich darin jeden Tag. Wir können das nicht in gleicher Weise nachahmen, aber als Anregung aufgreifen.
Nimm dir einmal am Tag – möglichst immer um die gleiche Zeit – fünf Minuten, die du allein und ruhig verbringst. In einer aufrechten Sitzhaltung oder im entspannten Liegen achte auf den Atem, der ruhig fließt. Die Gedanken und Bilder lass dir durch den Kopf gehen, ohne etwas Bestimmtes zu wollen. Geräusche von außen beeindrucken dich nicht.
Wichtig ist, dass du nicht zu schnell aufgibst, sondern dir mindestens einige Wochen Zeit nimmst, um zu bemerken, wie wohl das tut.

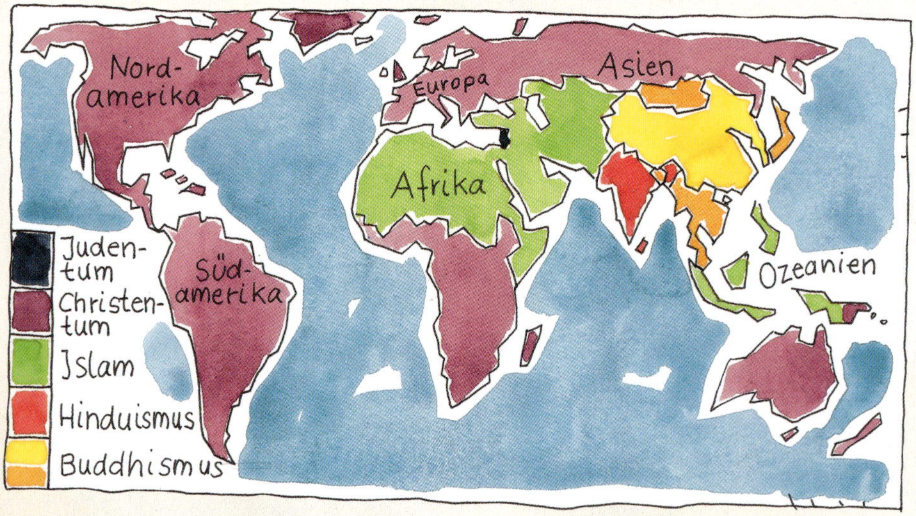

Verbreitung der Weltreligionen untersuchen

Auf der Karte seht ihr die Verbreitung der Weltreligionen. Schlagt im Atlas nach, in welchen Ländern vorwiegend Buddhisten leben. Tragt in arbeitsteiligen Gruppen Information über die Ausprägung des Buddhismus in Thailand, in Japan und in Tibet zusammen und präsentiert sie ansprechend.

Ausstellung Weltreligionen

Um euer Wissen zu den fünf Weltreligionen zu vertiefen und dafür das Interesse eurer MitschülerInnen an der Schule zu wecken, könnt ihr gemeinsam eine Ausstellung zu den fünf Weltreligionen Hinduismus, Buddhismus, Judentum, Christentum und Islam organisieren. Teilt die fünf Religionen unter fünf Gruppen auf und gestaltet dazu Plakate. Orientiert euch dabei an folgenden Fragen:

- In welchen Ländern leben Menschen mit diesem Glauben?
- Wie leben diese Menschen ihre Religion? Gibt es bestimmte Lebensregeln?
- Welche Feste werden gefeiert?
- Gibt es ein Heiliges Buch, an dem sich die Menschen orientieren?
- Wo liegen die Ursprünge dieser Religion?

Wasser als Symbol

Wasser ist in der hinduistischen Religion so wie in fast allen Religionen ein vielsagendes Symbol. Sammelt Information dazu. Ihr findet Fotos in Reiseprospekten über Indien und Information in der Schulbibliothek oder Stadtbücherei. Ihr stoßt dabei sicherlich auch auf die Bedeutung des Ganges-Flusses.

Das Geheimnis liegt im Loslassen

Zu jedem tibetischen Fest gehört die Herstellung eines Sand-Mandalas. Es dient als Schmuck, wird aber auch als Abbild des Universums verstanden und als Zentrum, von dem Energie ausgeht. Mönche arbeiten oft mehrere Tage lang mit geriffelten Röhrchen, aus denen der Sand in einem feinen Strahl herausrieselt, bis ein farbenreiches Muster entstanden ist. Am Ende des Festes versammeln sich nochmals alle Gäste um das Mandala, dessen Sand die Mönche behutsam mit feinen Pinseln zusammenstreichen, in schöne Gefäße füllen und in einen Fluss rieseln lassen. Alles Schöne vergeht, und wer ohne Trauer loslassen kann, kann es leichter genießen.
Ein Mandala aus Steinen oder euren Lieblingsgegenständen, das ihr ins Klassenzimmer legt, nach zwei Tagen „abbaut“ und auflöst, könnte euch mit diesem Gefühl vertraut machen.

Hinduismus: Verehrung ...

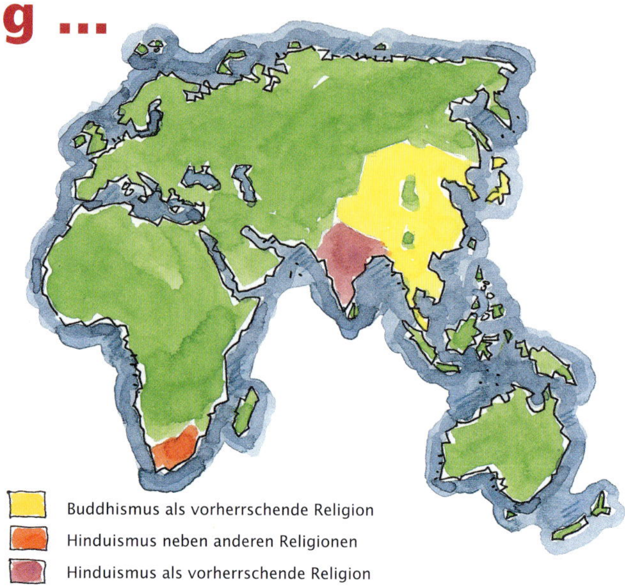

Hinduismus

Das Wort kommt von „Hindu“ und bedeutet einfach „Inder“. Inder wiederum hießen die Menschen, die am Fluss Indus lebten, von dem schließlich das ganze Land seinen Namen hat. Hindu ist, wer in diesem Land geboren ist. Insofern sind alle Inder, wenn sie nicht bewusst einer anderen Religion angehören, von Geburt an Hindus.
Anders als etwa beim Christentum, beim Buddhismus oder Islam gibt es im Hinduismus keinen, der die Religion ausdrücklich gestiftet hat. Sie hat sich um 2500 v.Chr. aus den ältesten Städten am Indus (Harappa und Mohenjo-Daro) entwickelt. Aus der städtischen Badekultur ist später im Hinduismus das „heilige Bad“ als Ausdruck der religiösen Reinigung hervorgegangen; aus den städtischen Oberhäuptern hat sich die priesterliche Oberschicht der Brahmanen* entwickelt.

Nachdem die großen Städte untergegangen waren, zerbrach die einheitliche Form der Religion. Der Hinduismus lebte in ländlichen volkstümlichen Formen weiter und entfaltete eine Vielzahl von Göttergestalten und Gottesdienstformen. Dennoch ist er keine polytheistische Religion (*poloi*, *theoi* = viele Götter), in der mehrere Einzelgötter verehrt werden. Die vielen Götter sind unterschiedliche Ausdrucksformen der einen göttlichen Einheit.

Das Göttliche zeigt sich in vielen Gesichtern.

Die Farben des Chamäleons

Zwei Menschen stritten sich heftig über die Farbe des Chamäleons. Der eine sagte: „Das Chamäleon auf diesem Palmbaum ist von einem schönen Rot!“ Der andere widersprach ihm und sagte: „Du irrst, das Chamäleon ist nicht rot, sondern blau.“ Da keiner seine Meinung beweisen konnte, gingen sie zusammen zu einem Menschen, der unter jenem Baume lebte.
Einer der Streitenden sagte: „Ist nicht das Chamäleon auf jenem Baume rot?“ Der Mann entgegnete: „Ja, Herr.“ Der andere Streitende sagte: „Was? Wie ist das möglich? Bestimmt ist es nicht rot, sondern blau!“ Der Mann gab demütig zur Antwort: „Ja, Herr, es ist blau.“ Er wusste, dass das Chamäleon beständig seine Farbe wechselt, deshalb beantwortete er beide Fragen mit „Ja“.
So ist auch das Göttliche verschieden gestaltet. Der Fromme, der Gott nur in einer Gestalt sah, kennt allein diese. Nur wer ihn in vielfältiger Gestalt sah, kann sagen: „All diese Formen sind die eines Gottes, denn vielgestaltig ist unser Gott!“

■ *Das Stammland des Hinduismus ist Indien. Dort hat sich später auch der Buddhismus entwickelt* 110 *f.* *und sich von dort aus ausgebreitet. Wie sieht die wirtschaftliche, soziale und politische Situation der Länder aus, in denen der Hinduismus und der Buddhismus vorherrschen? Sicherlich könnt ihr über eines der Länder aktuelle Information aus Tageszeitung, Internet oder EWG bzw. WZG sammeln.*

des vielgestaltigen Absoluten

Der Kreislauf der Wiedergeburten

Mit hinduistischen und buddhistischen Augen die Welt ansehen, bedeutet, ihre Kreisläufe zu bemerken: Die Tage, die Jahreszeiten, Mond und Sonne kommen und gehen, Aussaat und Ernte wechseln sich immer wieder ab, Wasser ist in den Kreislauf von Regnen, Versickern und Emporquellen eingebunden usw. Hinduisten und Buddhisten betonen, dass auch die Menschen sich im Kreislauf des Werdens, Vergehens, Neuwerdens und Wiedervergehens (*Samsara*) befinden.
Menschen können diesen Kreislauf durch ihre guten Taten und Gedanken positiv beeinflussen. Was Güte bedeutet, wird unterschiedlich gesehen: sich um andere kümmern, durch Meditation Freiheit erlangen, sich nicht an die eigenen Bedürfnisse binden. Die Summe der Taten (*Karma**) bestimmt, wie ein Mensch wiedergeboren wird: ob in tierischem oder menschlichem Leben. Zeitgenössische hinduistische und buddhistische Lehrer deuten die Stufen der Wiedergeburt als psychologische Kategorien.
Für Hindus und Buddhisten ist das Rad der Wiedergeburten eine Last, weil es sie immer wieder in das leidvolle Leben zurückbringt. Sie streben auf unterschiedlichen Wegen nach einer Befreiung (*Moksha*) aus diesem Kreislauf. Deshalb ist das Rad das wichtigste Symbol dieser Religionen.

Erlösung in Varanasi

Die Brieffreundin Gadja schreibt über den Tod ihres Opas in der heiligen Stadt Varanasi (auch Benares):
Opa ist es gelungen, kurz vor seinem Tod nach Varanasi an unseren heiligen Fluss Ganges* zu reisen. Er wollte dort einen guten Tod sterben. Wir glauben ja, dass jeder, der in Varanasi stirbt, sogleich die Seligkeit erlangt, die Loslösung aus dem Kreislauf von Wiedergeburt und Tod, die Vereinigung mit Gott. Der Totengott hat ja in Varanasi keine Macht. Hier darf er die Seelen nicht in die Hölle oder zu einer neuen Wiedergeburt führen. Hier hat der Gott Shiva* Opas Seele zur Erlösung geleitet, er hat ihr das Mantra zugeflüstert, das ihr die Überfahrt ermöglicht. Der Tod hat in Varanasi nichts Schreckliches. Er ist Glück verheißend, befreiend und öffentlich. Anderswo befinden sich die Verbrennungsstätten außerhalb der Stadt, hier dagegen liegen sie mitten im Zentrum, an den Badetreppen der Mutter Ganga. Sobald der Schädel knackt, ist die Seele frei.

Gläubige auf den Bade- und Verbrennungstreppen am Ufer des heiligen Flusses Ganges

- *„... denn vielgestaltig ist unser Gott!“ Auch Christen kennen Gott unter vielen Namen und schreiben ihm verschiedene Eigenschaften zu. Mache dir deine Vorstellungen von Gott bewusst und schreibe sie auf. Sucht euch eine Form, wie ihr eure Vorstellungen austauschen könnt.*
- *„Der Gedanke daran, eine Mücke zu töten, ist schlimmer, als wenn man unabsichtlich eine Mücke verschluckt.“ Wie versteht jemand, der an Wiedergeburt glaubt, diesen Satz?*
- *Den Tod als fröhliches Fest der Befreiung gibt es nur in Varanasi/Benares. Wenn ihr Gadjas Brief lest, könnt ihr den Zusammenhang und die markante Formulierung in ihrem letzten Satz erklären.*

Buddhismus: Wie Siddhartha der erste

Von den Buddhisten wird er Buddha genannt. Er lebte vor über 2500 Jahren im Norden von Indien. Im Jahr 450 v. Chr. wurde er der Legende nach als Sohn eines Königspaares geboren und bekam den Namen Siddhartha Gautama. Kurz nach seiner Geburt starb seine Mutter. Prinz Siddhartha lebte in Reichtum und Freude. Er heiratete mit 16 Jahren seine Kusine Yasodhara, die Ehe blieb 12 Jahre kinderlos. Dann bekamen sie einen Sohn, den sie Rahula nannten. Prinz Siddhartha verbrachte die meiste Zeit damit, sich in der Musik und in der Beherrschung von Waffen zu üben. Sein Leben am Hofe änderte sich jedoch eines Tages:
Siddhartha ließ sich von seinem Wagenlenker durch das östliche Stadttor hinausfahren. Da begegnete ihnen ein Mann, vornübergebeugt wie der Giebel eines Hauses: Seine Zähne zeigten Lücken, Runzeln überdeckten den Körper und seine Haare waren ergraut. Dazu ging er auf einen Stock gestützt und zitterte an seinen Gliedern. „Was ist mit diesem Menschen?", fragte Siddhartha. „Das ist, Herr, ein Mann, den das Alter überwältigt hat; Kraft und Stärke sind dahin, die Sinne haben nachgelassen. Verachtet von seinen Verwandten, ließ man ihn allein, wie ein Stück weggeworfenes Holz." Siddhartha hatte noch nie einen greisen Menschen gesehen. „Sag mir, sind dies Eigenschaften, die nur in seiner Familie vorkommen, oder ist es aller Menschen Schicksal?" Der Wagenlenker antwortete: „Oh Herr, das Alter ist kein Schicksal Einzelner, nein, es vernichtet die Jugend eines jeden. Auch deine Eltern, Verwandten und dich selbst wird es nicht verschonen. Es gibt für niemand einen Ausweg." – „Wie jämmerlich ist es dann um alle, die das Alter nicht sehen. Kehr um, Wagenlenker, was soll mir Leichtsinn, wenn auch das Alter nach mir greift!"

Ein andermal zog Siddhartha durch das südliche Stadttor aus. Da begegnete ihm ein kranker Mann. Vom Schmerz überwältigt, lag er ohne Hilfe und Schutz. „Was ist, Wagenlenker, mit diesem Mann?" – „Dies, Herr, ist einer, von dem der Glanz der Gesundheit gewichen ist. Er findet keine Rettung mehr und ist ohne freundliche Hilfe." – „Wie trügerisch ist es dann mit allem Übermut. Kehr um, Wagenlenker."
Wieder zu anderer Zeit fuhr Siddhartha zum westlichen Stadttor hinaus. Da sah er einen Leichenzug und den Toten auf einer Bahre. Alle weinten, schrien und klagten. Und wieder fragte er den Wagenlenker: „Was ist, Wagenlenker, mit diesem Menschen, den man dort auf einem Bett trägt?"
Noch nie hatte Siddhartha einen Toten gesehen. „Diesen Menschen", antwortete der Wagenlenker, „hat der Tod abberufen. Nie wieder wird er seine Eltern, seine Frau und seine Kinder sehen. Er hat eine andere Welt erreicht."
Da sprach Siddhartha: „O Jammer über eine Jugend, die das Alter ereilt! O Jammer über eine Gesundheit, die Krankheit vernichtet! Elend ist ein Leben, das nicht ewig währt." Damit ließ er den Wagen wenden und in die Stadt zurückkehren.
Und noch einmal zu anderer Zeit zog Siddhartha durch das nördliche Tor hinaus. Da begegnete ihm ein Asket*, wie er ruhig und selbstbeherrscht dahinschritt. Und wieder fragte er den Wagenlenker: „Was ist das für ein Mann, der da ausgeglichenen Gemüts wandert? Er scheint ohne Einbildung und Hochmut, ohne Eile und ohne Unruhe zu sein." Der Wagenlenker antwortete: „Diesen Mann, Herr, nennt man einen Asketen. Er hat die Lüste aufgegeben und sucht die Ruhe seines Inneren in der Heimatlosigkeit. So geht er frei seinen Weg."
Da sprach Siddhartha: „Gut, das ist ein schönes Wort und gefällt mir. Schon immer haben die Weisen empfohlen, in die Hauslosigkeit zu ziehen." Darauf kehrte er in die Stadt zurück.
Siddhartha ließen diese Erlebnisse von den vier Ausfahrten nicht los. Sein Reichtum erschien ihm

Buddhist wurde

nach diesen Erfahrungen in einem anderen Licht. Über die Wirkung der Erlebnisse sagte er: „Ich war verwöhnt, sehr verwöhnt. Bei Tag und Nacht wurde ein weißer Sonnenschirm über mich gehalten. Ich hatte einen Palast für den Winter, einen für den Sommer und einen für die Regenzeit. Obwohl ich so sehr verwöhnt war, kam mir der Gedanke: ›Obwohl jeder Mensch dem Alter, der Krankheit, dem Tode unterworfen ist, fühlt er doch Widerwillen, wenn er einen anderen gealtert, krank oder als Toten sieht. Auch ich bin so und das ist meiner nicht würdig.‹ Als ich dies bedachte, fand ich: ›Wie, wenn ich, der ich das Übel von Alter, Krankheit und Tod erkannt habe, nach dem suchen würde, was davon frei ist: nach dem höchsten Frieden, nach dem Nirwana*? Und obwohl ich ein Jüngling mit schwarzem Haar war, schor ich mir Haar und Bart, und obwohl meine Eltern darüber weinten, legte ich die schönen Gewänder ab und kleidete mich in Lumpen des Asketen*. So zog ich aus dem Haus in die Hauslosigkeit."

Nach Hubertus Halbfas

Siddhartha begab sich auf die Suche nach Lösungen auf die Fragen, die durch diese Erfahrungen in ihm wachgerufen wurden. Seine Erkenntnis nach sieben Jahren war:

„Dies ist die edle Wahrheit vom Leiden:
Geburt ist Leiden, Alter ist Leiden,
Krankheit ist Leiden, Tod ist Leiden.
Mit Unlieben vereint sein ist Leiden;
von Lieben getrennt sein ist Leiden.
Nicht erlangen, was man begehrt,
ist Leiden."

Siddhartha, 29 Jahre alt, machte sich auf, um einen Ausweg zu finden. Er suchte die Erlösung vom Leid. Er verließ den Palast, lebte wie ein Asket, aß und trank fast nichts, wanderte ruhelos umher. Mit ihm gingen fünf Begleiter über sieben Jahre lang. Fast wäre er dabei gestorben, aber Erlösung fand er durch das Fasten nicht.

Da begann er wieder zu essen und zu trinken. Seine Begleiter aber waren enttäuscht und verließen ihn. Alleine setzte sich der Bettler Siddhartha unter einen Baum und begann zu meditieren. In der Versenkung, die tage- und wochenlang andauerte, suchte er das Erwachen.

Die Legende erzählt, dass er am Morgen des 50. Tages nach bösen Visionen schließlich seine entscheidende Erkenntnis gewann.

Als mit der strahlenden Sonne am Morgen der Tag heraufkam, da wusste er, was wahr ist: Wer Begierde und Leidenschaft überwindet, der kennt kein Leid mehr, der hat die endlose Kette der Wiedergeburt* überwunden und geht ein ins Nirwana*. Siddhartha war nun der Buddha, der Erwachte.

Aus dieser Einsicht entstand der Wunsch, anderen Menschen davon mitzuteilen. Buddha begann zu predigen.

Seine fünf Begleiter kehrten zu ihm zurück, schließlich kam auch sein Sohn Rahula dazu. Sie wanderten umher, lebten von dem, was man ihnen gab.

Immer mehr Menschen schlossen sich ihnen an, sie kamen aus allen Kasten* und versuchten, mit ihrem Leben den Spuren des Buddha zu folgen.

- *Gestaltet eine Bilderreihe zu den wichtigsten Lebensstationen des Siddhartha Gautama.*
- *„Es muss im Leben mehr als alles geben" – Tauscht euch über die Bedeutung dieses Satzes aus. Wo seht ihr eine Verbindung zu den Erfahrungen Siddharthas?*
- *„Wer Begierde und Leidenschaften überwindet, der kennt kein Leid mehr." Bildet zwei Gruppen, die die Konsequenzen dieses provokativen Satzes in einer Pro-und-kontra-Diskussion abwägen.*

Leid überwinden ...

Die vier edlen Wahrheiten

Nachdem Buddha, der „Erwachte“, als Grundbedingung des Lebens die edle Wahrheit vom Leiden 111 gefunden hatte, zeigte er gleichzeitig den Ausweg aus dem Leiden:

Dies ist die **edle Wahrheit vom Ursprung des Leidens**	*die Gier, die zur Wiedergeburt* führt, die Gier nach Sinneslust, die Gier nach Leben, die Gier nach Wohlsein.*
Dies ist die **edle Wahrheit von der Aufhebung des Leidens**	*Es ist die Aufhebung dieser Gier durch völlige Leidenschaftslosigkeit.*
Dies ist die **edle Wahrheit vom Weg zur Aufhebung des Leidens**	der achtfache Pfad: *rechte Erkenntnis, rechte Gesinnung, rechte Rede, rechte Tat, rechter Lebenswandel, rechte Anstrengung, rechte Achtsamkeit, rechte Sammlung.*

Der achtfache Pfad

Wer sich auf diesen achtfachen Pfad begibt, der ist auf dem Weg zum Nirwana*. Es handelt sich um einen Zustand, in dem die Gier bewältigt wird und mit ihrer Kraft nicht mehr das Leben bestimmt. So soll man all das tun, was die Lebensgier aufheben kann.
Auffallend bei der Betrachtung des achtfachen Pfades ist das Wort „recht“. Aus der eigenen Erfahrung wusste Buddha, dass die Menschen für sich die richtige Mitte zwischen „zu viel“ und „zu wenig“ finden müssen. Zufrieden, glücklich und heil werden sie dann, wenn sie in ihrem gesamten Leben diese Mitte erreichen.
So fordert der Buddhismus nicht dazu auf, dass man auf alles verzichten müsse; genauso wenig unterstützt er aber die Einstellung, alles, was möglich ist, haben oder tun zu müssen.

Was beispielsweise unter „rechter Tat“ zu verstehen ist, richtet sich nach der Goldenen Regel 58: „Alles, was ihr wollt, das euch die Menschen tun, das tut auch ihr ihnen.“ Dazu werden durch die Sila* noch genauere Hinweise gegeben.

■ *Die Mettasutta wird von vielen Buddhisten jeden Tag gesprochen. Sprecht über die Wirkung, die diese Haltung auf die Menschen haben kann!*

Grundhaltung: Güte und Mitgefühl

Eine Grundhaltung buddhistischer Menschen ist die „liebende Güte“ allen anderen Menschen und Lebewesen gegenüber. In der Mettasutta, einer Lehrrede des Buddha, ist näher beschrieben, wie ein Mensch handeln soll, der das Heil erstrebt:

Er sollte niemals einen andern schmähn
und niemanden, wo immer auch, verachten;
aus Ärger und aus Feindlichkeit soll man
sich gegenseitig nicht nach Unheil trachten.

Gleich einer Mutter, die den eignen Sohn,
den einzigen, beschützt mit ihrem Leben,
soll gegenüber allen Wesen er
den Geist von Schranken frei zu machen streben.

Zur ganzen Welt soll Güte er entfalten
und seinen Geist von Schranken ganz befrein,
nach oben, unten und in flacher Richtung,
nicht eingeengt, von Hass und Feindschaft rein.

Ob stehend, gehend, sitzend oder liegend:
Wie immer er der Schlaffheit nicht verfällt,
soll diese Geisteshaltung er erzeugen:
Dies nennt man „Brahma-Weilung“ in der Welt.

Indem er keiner falschen Ansicht huldigt,
die Sila pflegt, und wenn Erkenntnis sein,*
hat er die Gier nach Lüsten überwunden:
Er geht in keinen Mutterschoß mehr ein.

... aus der Mitte leben

Die asiatische Kultur hat Methoden entwickelt, um die „Kunst des achtsamen Lebens“ einzuüben und ein kultivierter, reifer, weiser Mensch zu werden. So wird z.B. geübt, wie man grünen Tee in einer Zeremonie (*Chado*) bereitet, bei der jeder Handgriff festgelegt ist. Auch das Malen von Schriftzeichen (*Hitsuzendo*), das Blumenstecken (*Ikebana*), das Bogenschießen (*Kyudo*) und das Schwertfechten (*Kendo*) sind Übungswege der Geistesschulung. Alle Begriffe mit *do* weisen darauf hin, dass es sich um Wege handelt, die oft das ganze Leben lang trainiert werden. Es geht darum zu lernen, wie man den Geist zur Ruhe bringt, ein klares Bewusstsein erreicht und darauf achtet, was man tut, sagt und denkt.

Dazu ist es wichtig, seine körperlich-geistige Mitte zu finden und die Bauchatmung einzuüben. Wer die eigene Atembewegung ein wenig unterhalb des Bauchnabels zentriert, wird auch geistig ruhig, wach und konzentriert. Der Mensch fühlt sich gesammelt, und so handelt er dann auch. Diese Sammlung der inneren Kräfte wird besonders in der Stille-Meditation des unbewegten Sitzens des Zen-Buddhismus geübt (*zazen*) 117.

Auch viele Nicht-Buddhisten suchen heute Wege in die Stille und Sammlung des Geistes. Wenn sie in der Pfarrei Atem-Meditation, im Volkshochschulkurs Yoga oder im Sportverein östliche Kampfkunst üben, geht es nicht nur um körperliche Gesundheit. Es geht um die Kultivierung der körperlichen, geistigen und seelischen Kräfte: um Achtsamkeit, um innere Ausgeglichenheit und Gelassenheit, um Konzentration auf das, was im Leben wirklich zählt.

Das Aikido, der „Weg der Harmonie“, hat seinen Ursprung im Schwertfechten. Es wird mit einem scheinbaren Angreifer Selbstverteidigung geübt, ohne den Angreifer dabei zu zerstören oder zu bestrafen: „Wenn man euch angreift, schließt den Gegner in euer Herz“ (Morihei Ueshiba, 1883-1969). Dies ist nur aus einer Position der inneren Stärke möglich. Durch kontinuierliches Training entwickeln sich Kontaktfähigkeit, Mut, Körperbewusstsein, Beweglichkeit, innere Stabilität und Klarheit.

Beim Pinsel-Zen-Weg werden mit einem großen Pinsel und Tusche Schriftzeichen, meist auf Zeitungspapier, gemalt. Man sitzt auf dem Boden. Die Zeichenbewegungen werden beim Ausatmen ausgeführt. An den Zeichnungen ist zu erkennen, welche Lebensenergie und welchen Weisheitsgrad der Zeichner, die Zeichnerin zum Ausdruck gebracht hat. Deshalb sind Zeichnungen von Meistern oft sehr wertvoll.

Das japanische Bogenschießen hat seinen Ursprung im Jagd- und Kriegsschießen. Als der Buddhismus nach Japan kam, erkannte man auch das Training mit Langbogen und Pfeil als Weg der Geistesschulung. Der Umgang mit einer Waffe erfordert praktisches Wissen und ein verantwortungsvolles, ruhiges Handeln: Eine Waffe darf weder aggressiv noch leichtfertig benutzt werden.

Form des Gebets – Yoga: ein Übungsweg

Yoga ist eine indische Meditationsmethode. Durch die Beherrschung des Körpers soll es dem Menschen gelingen, seine seelischen und geistigen Fähigkeiten zu sammeln und sich auf das Wesentliche oder auf das Göttliche zu konzentrieren. Der Name „Yoga“ heißt übersetzt „zusammenbinden“ oder „straff halten“. Ziel des Übens ist die tiefe Versenkung durch die Beherrschung des Leibes; dadurch kann der Mensch die Angst vor dem Leben und auch vor dem Tod abbauen und Erlösung von der eigenen Gier erlangen. Indische Yogis haben es dabei zu einer solchen Perfektion gebracht, dass sie fast ohne Essen und Trinken auskommen. Auch wenn man diesem Ziel nicht nacheifert, kann man aus den Yoga-Übungen Nutzen für Leib und Seele ziehen.

Du kannst selbst eine Yoga-Übung, das sogenannte Sonnengebet, ausprobieren:

Einheit mit der Erde spüren.

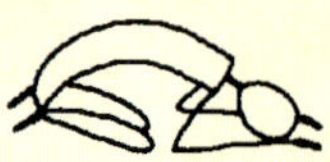

Das Samenkorn bereitet sich auf das Keimen vor.

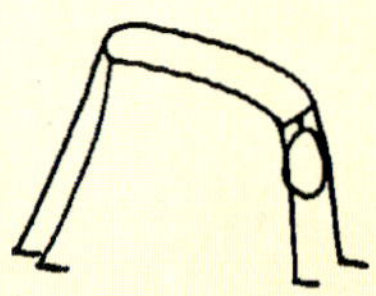

Aus dem Mutterleib der Erde herausgesprossen – doch darin verwurzelt.

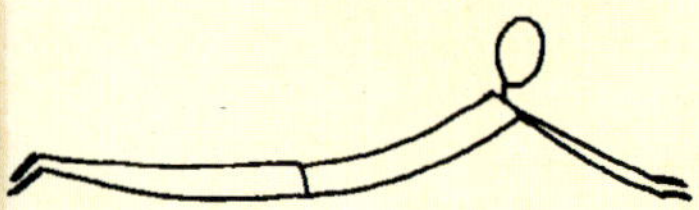

Das Licht der Sonne bricht ein.

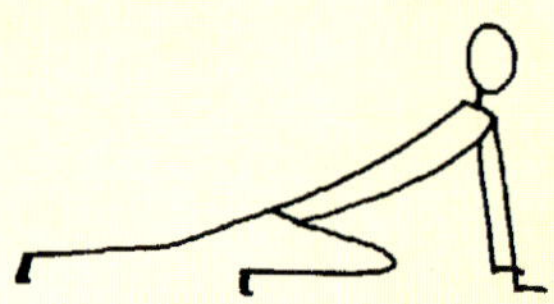

Die Kraft der Sonne weckt mich auf.

Der Baum richtet sich aus der Erde auf.

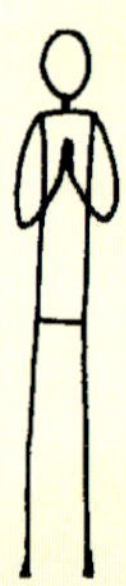

Der Lebenssaft treibt die Sprösslinge heraus.

Der Baum öffnet sich in allen Zweigen.

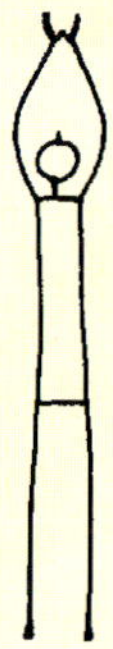

In der Krone erstrahlen die Blüten.

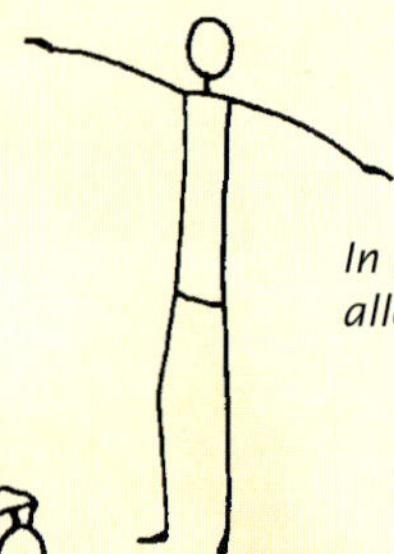

In alle Richtungen und für alle Lebewesen.

Die Früchte lassen die Äste zur Erde sinken.

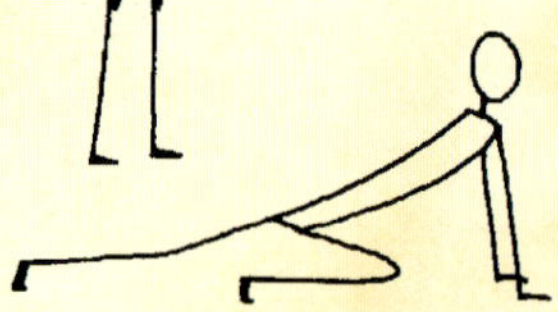

Zurück zur Erdenheimat.

Sich im Mutterschoß der Erde geborgen fühlen.

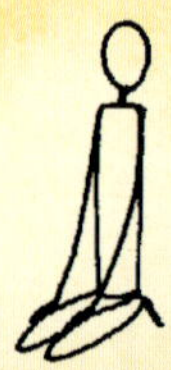

Meditation: wie ein Baum geerdet sitzen.

Einübung in Achtsamkeit*

Meditativer Zen-Geist hat auch Einfluss auf die Gartengestaltung. Zen-Gärten sind unauffällig, aber künstlerisch gestaltet. In verhaltener Schlichtheit sollen sie Natürlichkeit, Einfachheit, Durchsichtigkeit ausdrücken. Zu den Pflichten der Mönche gehört es, das Kiesbett des Steingartens mit einem Rechen und viel Sorgfalt zu immer derselben Struktur zu ordnen. Sie soll ausdrücken: Freiheit, offene Weite, Leerheit. So leer und geordnet wie der Garten soll der Geist des Mönches werden, frei von Gier, Hass und Verblendung.

Wenn Gläubige Frieden schaffen

Friedensgebet der Buddhisten

Mögen alle Wesen, wo auch immer, die an Leib und Seele von Leid geplagt sind, kraft meiner Verdienste ein Meer von Glückseligkeit erlangen.

Möge ihr Glück (in dieser Welt), solange sie im Kreislauf des Daseins bleiben, nie abnehmen, und mögen sie alle ohne Unterlass von den Bodhisattvas Wogen der Freude empfangen.

Möge Wärme finden, wer vor Kälte vergeht, und mögen die, die vor Hitze schmachten, sich kühlen in den nie versiegenden Wassern, die sich aus den großen Wolken (der Verdienste) des Bodhisattva ergießen.

Mögen alle Tiere frei sein von der Furcht, voneinander gefressen zu werden; mögen die hungrigen Geister so glücklich sein wie die Menschen auf dem Kontinent des Nordens.

Mögen die Blinden Gestalten erblicken, die Tauben Laute hören, und mögen die Schwangeren, ganz wie Mayadevi (Buddhas Mutter), schmerzlos gebären.

Mögen die Nackten Kleidung finden und Brot die Hungrigen; mögen die Verlassenen wieder Hoffnung schöpfen, Glück und Wohlergehen ohne Ende.

Mögen alle, die sich krank und elend fühlen, schnell von ihren Leiden erlöst werden, und möge keine Krankheit mehr auftreten in der Welt.

Möge, wer vor Schrecken zittert, seine Furcht vergessen, und wer in Banden liegt, sich frei erheben; mögen die Ohnmächtigen erstarken und die Menschen darauf sinnen, einander freund zu werden.

Buddhistische Gebetsfahnen findet man an Gebirgspässen, Klosteranlagen, heiligen Orten. Die aufgedruckten Gebete werden durch den Wind aktiviert und zum Himmel getragen.

- Worin sieht der Buddhismus seinen Beitrag zum Frieden?
- Was können Gläubige der verschiedenen Religionen zum Frieden in der Welt beitragen?
- Tragt eure eigenen Ideen in einer Mind Map zusammen. Bildet daraufhin Untergruppen und vertieft die verschiedenen Aspekte. Es lohnt sich, 58 und 59 einzubeziehen.
- Vielleicht wollt ihr eure „Schritte zum Frieden" auf bunten Tüchern oder farbigen Blättern notieren und aufhängen.

Nicht müde werden

T: Nach Hilde Domin

- Singt das Lied zart und leise. Drückt den Inhalt mit Gesten aus.
- Es Lässt sich als zwei- oder vierstimmiger Kanon singen.

Hugo Makibi Enomiya-Lassalle
(1898-1990)

war Priester, Jesuit und Zen-Meister. Als Missionar in Japan lernte er den Buddhismus kennen. Er erkannte die Ähnlichkeiten zwischen der Praxis des Zen-Buddhismus und der christlichen Mystik: das Loslassen des Weltlichen und Materiellen, das Zusammenfallen der Gegensätze, die mystische Erfahrung der Vereinigung mit Gott.
Seine Interpretation der Schweige-Sitz-Meditation machte er in der Kirche des Westens in Exerzitien und Meditationskursen bekannt. Von der Jugend erhoffte er, dass sie die vermeintlichen Gegensätze überwinden könnte, ein neues Denken einüben und die Welt friedlich gestalten würde.

- Tragt Information über Pater Lassalle und seinen Werdegang zusammen.
- Vielleicht entsteht bei eurer Präsentation auch eine Landkarte mit Tagungshäusern und Kursangeboten, wo christliche Zen-Meditation geübt wird.

- Diskutiert: Welches neue Denken hat Pater Lassalle von der Jugend erhofft? Warum gerade von ihr? Inwiefern haltet ihr seine Hoffnung für berechtigt?
- Möglicherweise wollen einige von euch für eine festgelegte Dauer regelmäßig das „Sitzen" üben, also die Sitz-Meditation ausprobieren. Eine erste Anleitung findet ihr in *Reli konkret 1*, 82. Aber Achtung: Das ist nur etwas für Entschlossene, denn es erfordert Ausdauer. Zu Beginn werden die Beine schmerzen ...

Buddha und Jesus

Die Lehren des Siddhartha Gautama wurden wie bei Jesus von Nazaret erst nach seinem Tod aufgeschrieben. Beide unterscheiden sich voneinander. Einige Akzente in ihrer Botschaft weisen aber Gemeinsamkeiten auf:

*Wenn dich jemand mit der Hand,
Stöcken oder einem Schwert schlüge,
so sollst du alle Regungen und
Gedanken leugnen
und kein böser Laut
soll deinem Mund entfahren.*

*Wenn ihr nicht füreinander sorgt,
wer sorgt dann für euch?
Wer auch immer für mich sorgen will,
der möge die Kranken versorgen.*

Sieh andere an wie dich selbst.

*Lasst uns glücklich leben
und nichts besitzen.
Lasst Freude unsere Nahrung sein
wie bei den strahlenden Göttern.*

*Lasst die Menschen rechtschaffen handeln:
Das ist ein Schatz,
den andere nicht stehlen können,
den kein Dieb stehlen kann,
ein Schatz, der nicht verschwindet.*

*Ein Mönch, der in seiner Konzentration
geübt ist, kann den Himalaya spalten.*

*Beim letzten Gang des Gesegneten Herrn
gab es ein schweres Erdbeben,
furchtbar und haarsträubend
und begleitet von Donner.*

- *Wer die Aussagen Buddhas hört, dem kommen vielleicht Sätze Jesu in den Sinn!*
- *Versucht zunächst ohne Bibel zu arbeiten. Später könnt ihr verschiedene Stellen im Matthäus- und Lukas-Evangelium nachlesen (z.B. Mt 25,45; Lk 6,29; Lk 6,27; Lk 6,31; Mt 6,19-20; Mt 17,20; Mt 27,50-51). Welche Gemeinsamkeiten fallen euch auf?*
- *Wenn ihr das Kapitel sorgfältig bearbeitet habt, sind euch sicher auch Unterschiede zum Glauben der Kirche und zur Glaubenspraxis von katholischen Christen aufgefallen. Schreibt auf, was euch dazu einfällt, und tauscht euch darüber aus.*
- *Bringt dann gemeinsam die wichtigsten und die eurer Meinung nach weniger wichtigen Unterschiede in eine Rangfolge.*

8 Achtsam mit dem Leben umgehen

Pfeif auf die Kippe!
Welt-Nichtrauchertag 31. Mai
Rauchen – das geht gar nicht. Zigaretten töten jeden zweiten Raucher. Sie machen krank, alt und hässlich. Und sie stinken. Darum sei stärker als dein Schatten: Gib der Sucht keine Chance.
www.weltnichtrauchertag.de

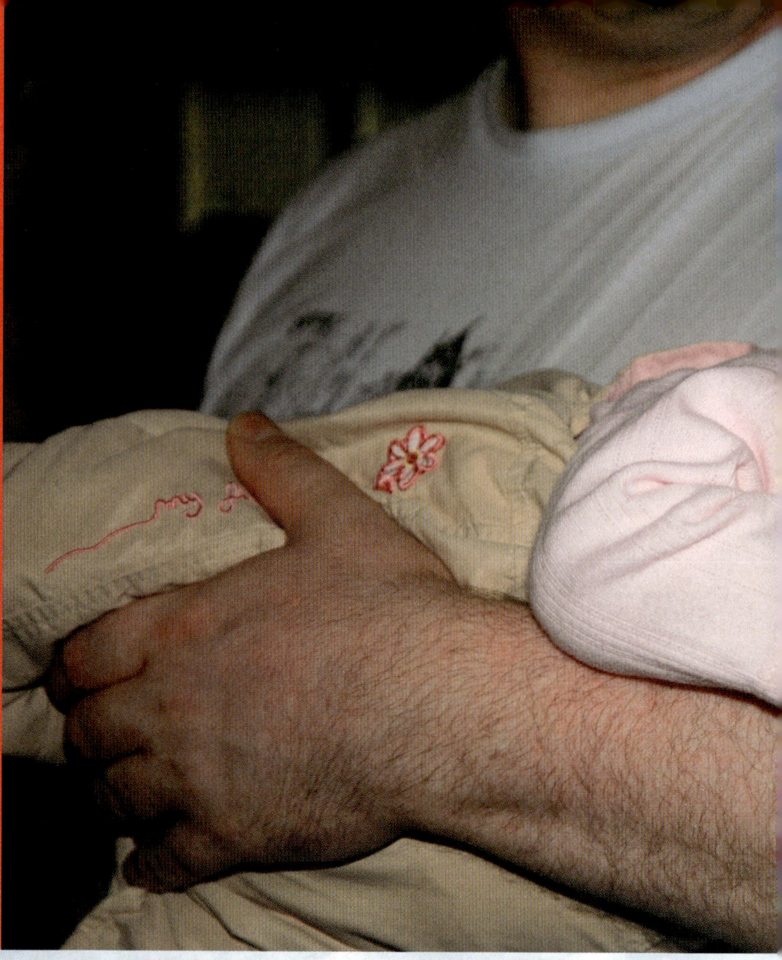

AFFitalia
No- ANOREXIA
No-l-ita
ClearChannel

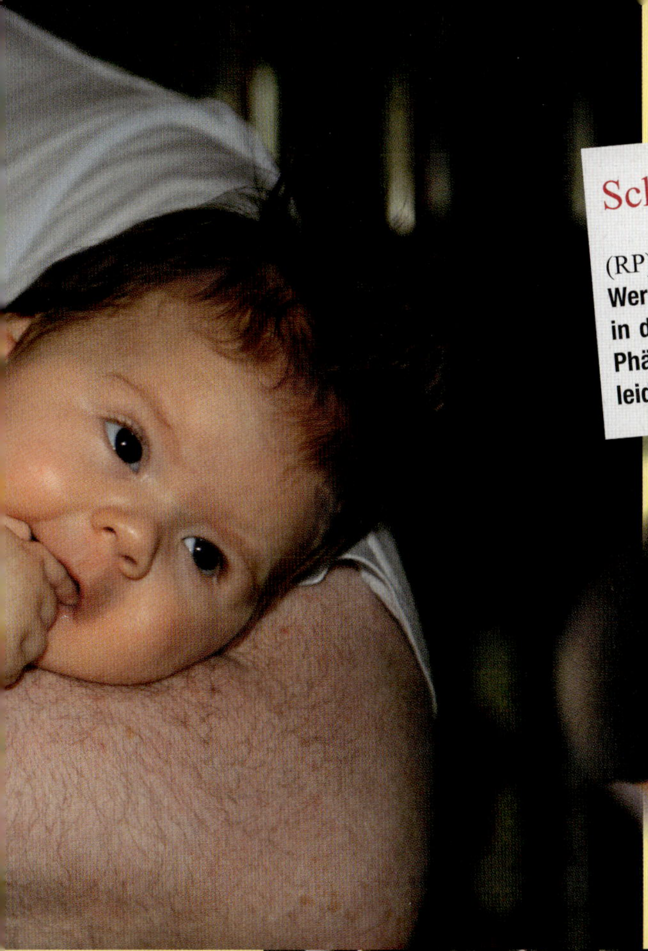

Schüler planten Todessprung gemeinsam

(RP) **Der Suizid einer 14-Jährigen erschüttert die bergische Stadt Wermelskirchen. Mitschüler sollen mit ihr gemeinsam den Sprung in die Tiefe geplant haben. Der Fall wirft ein Schlaglicht auf ein Phänomen: Immer mehr Kinder und Jugendliche in Deutschland leiden an Depressionen.**

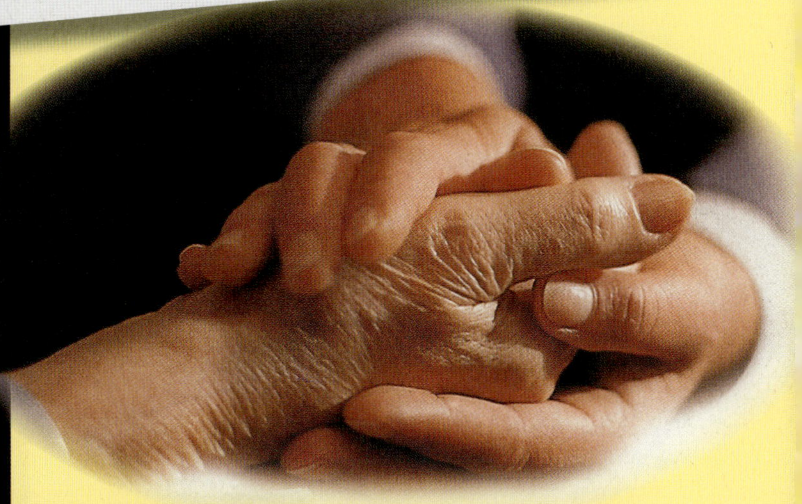

Jake & Dinos Chapman, 2007

Eine Präsentation erstellen

„Du hast mein Inneres geschaffen,
mich gewoben im Schoß meiner Mutter.
Ich danke dir, dass du mich so wunderbar
gestaltet hast.“

Ps 139,13f.

Gestaltet eine Präsentation am Computer: Besorgt euch Fotos von der Entwicklung des Embryos, benennt stichwortartig das entsprechende Stadium und stellt aus den Schöpfungserzählungen und -psalmen jeweils einen geeigneten Vers dazu.

Zehn Gebote der Achtsamkeit

Dein Leben ist ein Geschenk Gottes an dich.
Deshalb wirst du ...

1. ....
2. ....
3. ....
4. ....
5. ....
6. ....
7. ....
8. ....!
9. ....
10. ....

Stelle zunächst allein Verhaltensweisen für den achtsamen Umgang mit dem eigenen Leben zusammen. Tragt eure Vorstellungen dann zusammen und gestaltet gemeinsam einen Dekalog der Achtsamkeit* im Umgang mit dem eigenen Leben.

Bilder vom achtsamen Umgang mit dem Leben sammeln

Betrachtet das Kapiteleingangsbild 119. Was drückt es über den achtsamen Umgang mit dem Leben aus?
Wenn ihr euch über die Lebensgeschichte des Malers Keith Haring informiert, könnt ihr erfahren, wie er selbst mit seinem Leben umgegangen ist und warum er früh gestorben ist.
Das Thema „Achtsam mit dem Leben umgehen“ hat auch andere Maler und Malerinnen beschäftigt. Ihr könnt weitere Bilder sammeln, die zum Thema passen oder im Gegensatz dazu stehen.
Oder: Ihr gestaltet aus den Kunstbildern eine Collage mit einem eigenen Titel.
Noch eine Variante: Stellt mit Farbfotos aus Zeitschriften und eigenen schönen Aufnahmen eine ästhetische Collage zum Thema zusammen.

Informationen über Sterbebegleitung in Hospizen auswerten

Wenn ihr euch über die Arbeit und die Leistungen von Menschen in der Krankenpflege und Seelsorge in Hospizen informieren wollt, beginnt eure Internetrecherchen z.B. bei www.hospiz-bw.de. Ihr könnt auch nach Hospizen an eurem Schul- und Wohnort fragen. Vielleicht besorgt ihr euch Filme mit Interviews von Frauen und Männern, die in Hospizen Sterbende betreuen.
Oder ihr ladet HospizhelferInnen zu einem Gespräch in eure Klasse ein. Selbstverständlich, dass ihr euch gut vorbereitet!

Ich bin Gottes Ebenbild (vgl. Gen 1,27) – Bin ich Gottes Ebenbild?

Es gibt vielerlei Möglichkeiten, wie Menschen den eigenen Körper verschönern.

Sucht nach Gründen, warum Frauen und Männer sich so verhalten.
Bewertet das Verhalten und stellt dabei immer die Frage: „Mensch nach Gottes Bild?“ oder „Mensch nach welchem Bild?“

Argumente Pro und Kontra austauschen

In welchen Formen und bei welchen Gelegenheiten ist euch „Aufputschen“ bekannt?
Sammelt aus Zeitungen, Zeitschriften und dem Internet Berichte und Argumente und nutzt sie in einer Pro-und-kontra-Diskussion über Doping im Sport.

Ihr könnt die Argumente auch auf zwei verschiedenen Plakaten dokumentieren und sie in eine fiktive Pressekonferenz mit Sportjournalisten einbringen.

Eine Körperbild-Collage gestalten

Für diese Übung braucht ihr Platz (Aula, Turnhalle ...).
Den eigenen Körper richtig wahr- und anzunehmen, ist manchmal schwierig. Ein Körperbild kann dabei helfen: Legt euch auf ein großes Plakat und lasst eure Körperumrisse von einem Mitschüler, einer Mitschülerin nachzeichnen. Gestaltet nun euer Körperbild mit einer Collage aus Farbbildern aus Zeitschriften und eigenen Fotos zum Thema: „(Un-)achtsam mit dem Leben umgehen“. Wo fällt es dir leicht, Körperstellen „achtsam“ zu gestalten, und wo schwer?

„Der Laser kann alles!“

Was sagt ihr zu diesem Slogan? Sammelt aus Zeitschriften und dem Internet ähnliche Werbeslogans für Schönheitskorrekturen. Informiert euch über Risiken und Nebenwirkungen. Wann wird erreicht, was sich die Operierten wünschen?

Leben – von Anfang an

Der Mensch entwickelt sich

Die Befruchtung findet durch die Verschmelzung von weiblicher Eizelle und männlicher Samenzelle statt. Jetzt schon sind alle Anlagen vorhanden, die eine Person unverwechselbar machen; wichtige Merkmale, wie die Farbe der Augen und Haare, die ungefähre Schuh- und Körpergröße, sind festgelegt. Es beginnt eine Entwicklung, die erst mit dem Tod endet. Dabei geschieht nichts ohne Vorbereitung, nichts ohne Folgen. Die Geburt ist nur ein Übergang. In den ersten vier Wochen entstehen Millionen von Zellen. Nach einem faszinierenden Plan setzen sie sich zusammen und bilden den menschlichen Organismus. So unglaublich es uns scheint: Wenn der Embryo noch nicht einmal ganze zwei Millimeter groß ist, funktioniert bereits sein Gehirn. Er wird von nun an seine weitere Entwicklung selbst steuern. Und wenn er nach 25 Tagen dreieinhalb Millimeter „groß" ist, dann sind schon alle seine Organe angelegt: Sein Herz, die Haut, das Zentralnervensystem, die Leber, die Lunge, der Darm und die Geschlechtsorgane.

Auch die Gefühlszustände der Schwangeren teilen sich dem Embryo mit: Angst und Kummer, Freude oder Aufregung zeigen sich im Rhythmus ihres Herzschlags und in den Stoffen ihres Kreislaufs, die vom Blut durch ihren ganzen Körper geschleust werden – auch zu dem kleinen Embryo.

Das Wunder der frühen Entwicklung wird besonders im Wachstum der Hand deutlich. Um den 28. Tag nach der Befruchtung werden die Armknospen sichtbar. Wenige Tage danach sind sie erheblich gewachsen und verbreitern sich an ihrem vorderen Ende zu Handplatten. Bis zum 41. Tag entstehen „Fingerstrahlen". Die knorpeligen Anlagen von Elle, Speiche und Oberarmknochen sind vollständig da. Die Hände und Arme können bald erste Bewegungen ausführen. Später kommt es vor, dass der Fötus, so wird der Embryo ab dem 3. Monat auch genannt, die Nabelschnur umfasst.

- *Diskutiert die Fragen und sammelt Argumente für die einzelnen Positionen:*
  Ab welchem Zeitpunkt beginnt das menschliche Leben?
  - *Mit der Geburt?*
  - *Mit Beginn der Hirntätigkeit?*
  - *Mit der Verschmelzung von weiblicher Eizelle und männlicher Samenzelle?*
  - *Irgendwann dazwischen?*
  - *Oder zu einem ganz anderen Zeitpunkt?*

Von Anfang an

Menschliches Leben besitzt von Anfang an eine eigene Würde, ein eigenes Recht und einen eigenständigen Schutzanspruch. Bei der Entscheidung für oder gegen eine Abtreibung steht das ganze Leben eines Menschen auf dem Spiel: Darf ein menschliches Leben mit all seinen Erfahrungen und Erlebnissen, mit seinem zukünftigen Glück und Leid, mit aller möglichen Freude entstehen oder nicht?

Die deutschen Bischöfe

- *Bei den Beratungsstellen der Caritas* bekommt ihr weiteres Material zum Thema. Vielleicht könnt ihr sogar eine Beraterin in den Unterricht einladen.*
- *Die Entwicklung der Embryonalmedizin schreitet schnell voran. Forschungen an Embryonen sind umstritten. Diskutiert, warum. Informiert euch in den Medien über den aktuellen Stand der Debatte.*

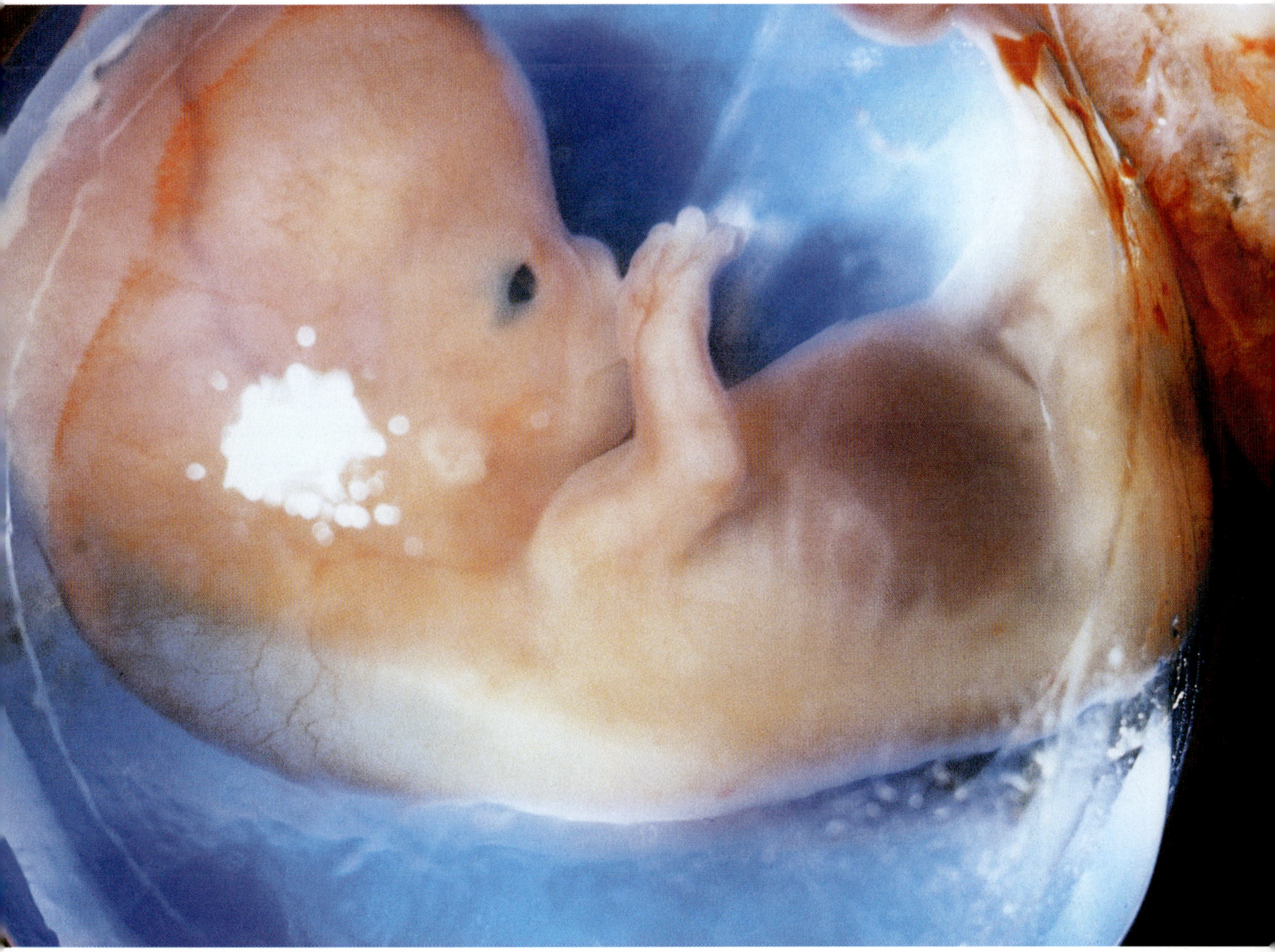

Foto aus der Gebärmutter in der 18. Woche der Schwangerschaft

Beim Sport dopen?

Olympiapfarrer: Appell an Dopingsünder

Doping ist ein Problem der Gesellschaft, sagt der katholische Olympiapfarrer Hans-Gerd Schütt. Die nicht abreißende Diskussion und die Geständnisse von Spitzensportlern geben ihm recht. Die geständigen Sportler sollten ihre Erfahrungen nun in die Präventionsarbeit einbringen, sagte der Sportbeauftragte der Deutschen Bischofskonferenz dem Domradio in Köln. „Wir müssen schon in der Ausbildung auch von jungen Sportlerinnen und Sportlern gerade im Nachwuchsbereich immer wieder darauf hinweisen, wie das Doping, wie Versuchungen im Sport entstehen können. Die Zusammenhänge zeigt die Menschheitsgeschichte: Da, wo es um viel geht, um Karriere, natürlich auch um das Auskommen und die Reputation, ist der Mensch immer wieder gefährdet. Wenn man in unsere Berufswelt hineinschaut oder in den Breitensport: Wie viele Menschen sind nur noch mithilfe von Anabolika oder anderen Substanzen in der Lage, ihre Leistung zu bringen oder zumindest eine Fassade aufzubauen? Das ist ein gesellschaftliches Thema."

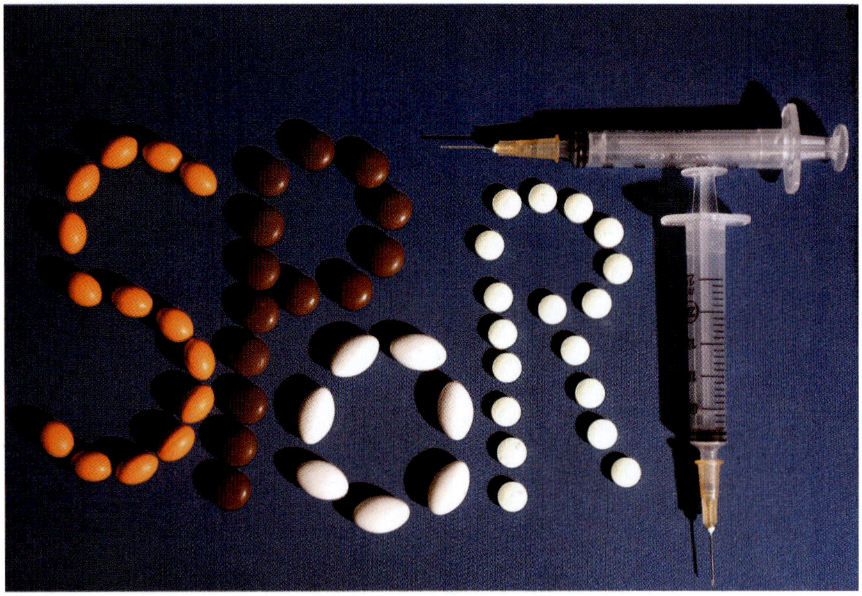

Mit unerlaubten Spritzen und Pillen betrügen viele Sportler die Öffentlichkeit und sich selbst.

- *Sammelt Hintergrundberichte aus Zeitungen, Zeitschriften und dem Internet zu den Sportskandalen der letzten Zeit.*
- *Arbeitet die verschiedenen Gründe heraus, die Sportler dazu verleiten, zu dopen.*
- *Sucht in der Presse und im Internet nach Aktionen gegen das Doping im Sport und stellt ihre Ziele heraus.*
- *Sucht kirchliche Stellungnahmen gegen den Missbrauch des eigenen und fremden Lebens und fragt nach der religiösen Begründung für die Ablehnung von Doping.*
- *Vielleicht könnt ihr ja an eurer Schule selber eine Aktion gegen Doping im Sport starten, die ihr mit Argumenten aus der Bibel und den Verlautbarungen der Kirche begründet.*

Gemischtes Doppel: Je ein Blinder und ein Gehörloser bilden ein Team.

Das ungewöhnlichste Radrennen der Welt – Doping für das Selbstvertrauen

Das aufregendste Fahrrad-Rennen des Jahres 2007 fand nicht in Frankreich statt, sondern in Brasilien, in Alagoinhas. Die Organisatoren waren die Brüder von Taizé*, keine millionenschweren Rennställe und Sponsoren. Und die Fahrer waren nicht gedopt, sondern blind und taub. Seit 2005 organisieren die Brüder Tandem-Rennen, um die Menschen mit Behinderungen ins Licht der Aufmerksamkeit zu rücken. Auf jedem Tandem sitzen zwei Fahrer: vorne ein Gehörloser, hinten ein Blinder. Die Gehörlosen sehen, wo es langgeht, und die Blinden hören, dass der Verkehr in den Städten für sie angehalten wird und sie von Polizeimotorrädern begleitet werden. Vor allem begreifen sie, dass nicht sie stehen bleiben müssen, sondern die anderen. Sie können mit voller Kraft in die Pedale treten. Ein wundervolles Gefühl von Freiheit für Menschen, die normalerweise nur mit vielen Schwierigkeiten durch eine Großstadt gelangen, in der nichts für die Orientierung der Sehbehinderten und Blinden getan wird.
Die „Bahia Tandem Tour" dauert fünf Tage und führt 200 Kilometer weit über sechs Städte. Fernsehteams begleiten die Tour und lassen sich einiges einfallen für die Berichterstattung. Alle Fahrer bekommen am Ziel eine prächtige Medaille überreicht.
Auch die dritte Tandem-Tour verlief unfallfrei und stieß regional wie national auf großes Echo. Die Verantwortlichen hoffen, dass die Integration der Menschen mit Behinderungen in Schule, Beruf und Gesellschaft dadurch ein wenig besser gelingen möge.

Brüder von Taizé in Brasilien

Lieber sterben als leben?

Das war es nun, das Ende. Mit 35 kg in der Klinik für Essstörungen. Doch begonnen hatte es schon viel früher: Mein Wunschgewicht hatte ich schnell erreicht, plötzlich war ich dann noch etwas dünner, als die Gesellschaft akzeptieren kann, und somit wurde ich ständig mit meinem Aussehen konfrontiert, was ich insgeheim auch wollte. Allerdings wurden die ständigen Fragen („Hast du keinen Hunger mehr?" oder „Du siehst aber krank aus") langsam lästig. Deshalb vermied ich jegliche Situation, bei der ich auf mein Problem angesprochen wurde. Folglich zog ich mich aus meinem sozialen Umfeld immer mehr zurück, ohne mir jedoch eingestehen zu wollen, was mit mir los war. Dann kam der Tag X, an dem mich meine Mutter zum Arzt schickte und dieser mir ohne Umschweife sagte: „Klarer Fall von Anorexia nervosa." Insgeheim war ich erleichtert, dass meine Krankheit zum ersten Mal klar ausgesprochen wurde. Doch die richtigen Qualen fingen erst an; denn jeder in der Familie erwartete nun von mir, dass ich einfach wieder zu essen beginne, vielleicht noch ein bisschen Therapie nebenher, und dann käme schon alles wieder in Ordnung.

Tina K., 17 Jahre

Ein wohlgeformter Körper, auf den ich stolz sein konnte, das war mein Traum.
Und jetzt: Große leere Augen, versteckt in dunklen Höhlen, stark hervortretende Wangenknochen, aschfahle, schuppige Haut, bis aufs Äußerste gespannt, fest geschlossener Mund, nicht mehr gewohnt zu lachen, überall hervortretende Knochen: Wangenknochen, Schulterknochen und Schlüsselbein, Rippenknochen und Brustbein, Hüftknochen und Steißbein, Ellbogen und Kniegelenk, darüber faltige Haut.
Das ist mein Körper.
Das ist das Ende meines Traums!

Conny G., 17 Jahre

- *Tina und Conny sind magersüchtig. Doch es gibt auch andere Formen von Essstörungen, von denen viele junge Leute betroffen sind – oft unbemerkt. Sucht nach autobiografischen Berichten von Mädchen/jungen Frauen und auch von Jungen/jungen Männern, die auf diese oder andere Weise leiden.*
- *Stellt die verschiedenen Gründe für ihre Erkrankung zusammen. Überlegt, was helfen könnte, und erkundigt euch, wo es Hilfsangebote in eurer Nähe gibt. Einen Überblick kann die Bundeszentrale für gesundheitliche Aufklärung bieten: www.bzga-essstoerungen.de.*
- *Welche Hilfe bringt Jesus für ein todkrankes Mädchen? Mit 12 Jahren war die Tochter des Synagogenvorstehers Jaïrus damals im heiratsfähigen Alter. Versucht eine psychologische Bibelauslegung: Was erwartete sie? Wovor fürchtete sie sich vielleicht? Was drückt der Text aus, wenn er sagt, das Mädchen lag im Sterben? Und was kann „gesund werden" alles bedeuten?*
- *Wenn ihr solche Fragen an den Markus-Text stellt, erschließen sich bestimmte Deutungsmöglichkeiten. Lest den ungekürzten Bibeltext Mk 5,21-43 mit den beiden Heilungserzählungen und sucht nach anderen Bedeutungsschichten.*

Rembrandt, um 1655

Ein Synagogenvorsteher kam zu Jesus und flehte ihn um Hilfe an: Meine Tochter liegt im Sterben. Komm und leg ihr die Hände auf, damit sie wieder gesund wird und am Leben bleibt.
Da ging Jesus mit ihm. Er fasste das Kind an der Hand und sagte zu ihm: Talita kum!, das heißt übersetzt: Mädchen, ich sage dir, steh auf! Sofort stand das Mädchen auf und ging umher.
Es war zwölf Jahre alt. Dann sagte Jesus, man solle dem Mädchen etwas zu essen geben.

Mk 5,22-24.41-43

Sich das Leben nehmen! –

An meine Familie und Freunde,
es tut mir leid, dass es so sein muss. Aus vielen Gründen habe ich mir selbst unerreichbare Ziele gesetzt. Es tut weh zu leben und das Leben ist voll von so vielen Enttäuschungen und Schwierigkeiten. Was ich wirklich sagen möchte, ist, dass ich den Problemen nicht so in die Augen sehen kann, wie ich sollte. Alles, was ich getan habe, hat mich nicht zufriedengestellt. Warum das so ist, kann ich nicht sagen. So viele verurteilen einen immer und sagen, was man tun soll. Ich habe immer so ein komisches Gefühl, wenn ich mich hinsetze, um etwas zu tun. Vielleicht, als ob das, was ich mache, von den anderen nicht akzeptiert wird. Auch dass der eine immer besser sein muss als der andere, hasse ich so. Vielleicht habe ich etwas Falsches vom Leben erwartet. Bitte weint nicht und nehmt es nicht zu schwer. Ich weiß, was ich tue und warum ich es tue. Ich glaube, ich habe niemals wirklich erfahren, was Liebe und Verantwortung ist …
Ich hatte schon in den letzten Jahren keine große Lust weiterzuleben. Glaubt mir, ich habe versucht, mit meinen Problemen fertig zu werden, aber ich konnte nicht.

Moritz

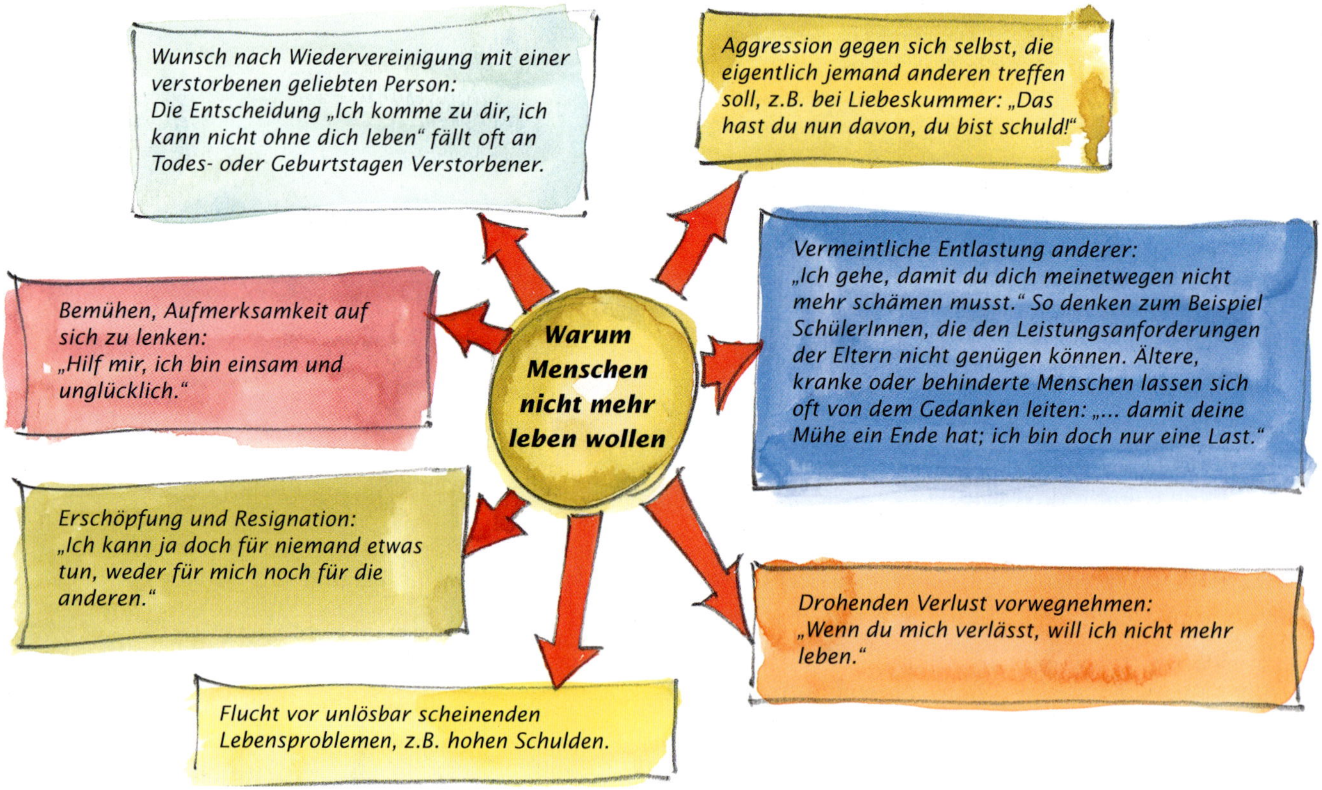

Sich das Leben nehmen?

Auch die Finsternis ist für dich nicht finster

Herr, du hast mich erforscht und du kennst mich.
Ob ich sitze oder stehe, du weißt von mir.
Ob ich gehe oder ruhe, es ist dir bekannt.
Du bist vertraut mit all meinen Wegen.

Noch liegt mir das Wort nicht auf der Zunge –
doch du, Herr, kennst es bereits.
Du umschließt mich von allen Seiten
und legst deine Hand auf mich.

Steige ich hinauf in den Himmel, so bist du dort;
bette ich mich in der Unterwelt, bist du zugegen.
Und lasse ich mich nieder am äußersten Meer,
auch dort wird deine Hand mich ergreifen.

Würde ich sagen: „Finsternis soll mich bedecken,
statt Licht soll Nacht mich umgeben",
auch die Finsternis wäre für dich nicht finster,
die Nacht würde leuchten wie der Tag.

Psalm 139,1-5.8-12

Ernst Barlach, 1930

Jährlich nehmen sich fast 16 000 Menschen in der Bundesrepublik das Leben: Jugendliche, Männer und Frauen aller Altersstufen, Kinder. Suizidversuche oder auch häufiges Reden über Suizid können Warnsignale sein, die zeigen, dass ein Mensch gefährdet ist. Solche Signale sollten immer sehr ernst genommen werden.

- *In Moritz' Brief klingen viele Probleme seines Lebens an. Tauscht euch über Möglichkeiten aus, wie er diese Probleme hätte bewältigen können.*
  – Schreibt Moritz einen Brief, wie ihr das Leben und seine Schwierigkeiten einschätzt.
  – Gestaltet ein abstraktes Bild zum Brief von Moritz. Welche Farben mögt ihr wählen?
- *Zeichne das Bild „Trauernde" von Ernst Barlach ab und verändere es so, dass sich die eingehüllte Person wieder öffnen und Hoffnung entwickeln kann. Vielleicht kann dir ein anderes Bild in diesem Buch Anregungen dazu geben.*
- *„Der Glaube an Gottes Beistand kann auch in tiefster Not stärken und helfen." Welche Bedeutung hat dieses Argument für dich?*
- *„Frei gewählte Selbsttötung bedeutet ein ‚Nein' zu Gottes ‚Ja' zum Menschen." Diskutiert diese Aussage in einer Pro-und-kontra-Debatte.*
- *Findet die Telefonnummern der Telefonseelsorge bzw. der Notfallseelsorge an eurem Ort und erkundigt euch, welche Hilfen ein/e Suizidgefährdete/r erhalten kann.*
- *Notiert oder sammelt Sätze und Spruchweisheiten, aus denen Lebensmut und Lebensfreude sprechen, und gestaltet Spruchkarten.*

Leben – bis zum Ende

„Ich fordere meine Tötung“

Der Elektroinstallateur Bernd Wilckens aus Hamburg ist das Opfer eines Badeunfalls. Während eines Urlaubs in Schweden hatte er einen Kopfsprung in einen zu flachen See gewagt, war mit dem Schädel auf den Grund geschlagen und hatte sich das Rückgrat verletzt. Seitdem konnte er nur den Kopf und den rechten Schultermuskel bewegen. Diese schwerste Form der Querschnittslähmung, Tetraplegie, hat zur Folge, dass der ganze Körper unterhalb der verletzten Stelle außer Kontrolle gerät.
Wilckens hoffte einige Monate lang, die Lähmungen würden im Lauf der Zeit zurückgehen. Nachdem er zwei Jahre in Klinikbetten zugebracht hatte, unternahm er einen Suizidversuch, der missglückte. Er forderte seine Tötung, entweder durch eine ärztliche Injektion oder durch Gift, das ihm Familienangehörige besorgen sollten. Der Arzt lehnte aus „ethischen und gesetzlichen Gründen“ ab. Da niemand helfen konnte, forderte Wilckens, dass unheilbar Kranke oder Schwerverletzte auch in Deutschland ihre Tötung beantragen könnten.

Hilfe im Sterben

Das Sterben ist die letzte große Lebensaufgabe des Menschen. Diese Aufgabe kann ihm niemand abnehmen, wohl aber kann und muss ihm dabei geholfen werden.
Dies besagt in erster Linie, dass die Leiden des Kranken so gelindert werden, dass er seine letzte Lebensphase menschlich bewältigen kann. Es bedeutet weiterhin, dass dem Kranken die bestmögliche Pflege zuteil werden soll. Zur Sterbehilfe gehört auch, dass der Kranke in seiner seelischen Not nicht alleingelassen wird. Gerade im Sterben werden Fragen nach dem Sinn des Lebens bewusst. Sie dürfen weder ausgeklammert noch verdrängt werden. Dabei ist der Glaube eine wirksame Hilfe, die Angst vor dem Tod durchzustehen, ja zu überwinden. Er schenkt dem Sterbenden eine feste Hoffnung.
Ein menschenwürdiges Sterben kann ferner bedeuten, dass nicht alle medizinischen Mittel ausgeschöpft werden, wenn dadurch der Tod künstlich hinausgeschoben würde. Müssen wir einen Patienten beliebig lange an eine Herz-Lungen-Maschine anschließen, um ihn künstlich am Leben zu erhalten? Solange die Aussicht besteht, dass der Schwerkranke wieder gesunden kann, sollen alle Mittel eingesetzt werden. Anders ist es, wenn jede Hoffnung auf Besserung ausgeschlossen ist und die Anwendung besonderer medizinischer Technik ein qualvolles Sterben nur künstlich verlängern würde.
Wir müssen alles tun, um jedem Menschen ein menschliches Sterben zu ermöglichen und zu erleichtern. Aber ebenso müssen wir die Euthanasie als absichtlich herbeigeführte vorzeitige Beendigung des Lebens ablehnen. Denn hier handelt es sich nicht mehr um Hilfe und Erleichterung beim Sterben, sondern um die Tötung eines Menschen. Man fragt heute, ob der Patient, der unheilbar krank ist und unter qualvollen Schmerzen leidet, nicht die Abkürzung seiner Sterbephase verlangen dürfe. Dagegen muss gesagt werden: Der Mensch hat kein derartiges Verfügungsrecht über sein eigenes Leben. Sicherlich hat er Anspruch auf die Linderung seiner Schmerzen, aber er ist nicht Herr über Leben und Tod.
Das Gebot „Du sollst nicht töten“ gilt für alle Phasen des menschlichen Lebens. Der Begriff „guter Tod“ kann nicht darüber hinwegtäuschen, dass jede vorzeitige Beendigung des Lebens Tötung ist und gegen die Gesetze Gottes und der Menschlichkeit verstößt.

Nach dem Hirtenwort der deutschen Bischöfe: „Das Lebensrecht der Menschen und die Euthanasie“

- *Man unterscheidet zwischen Formen der aktiven und passiven Sterbehilfe*. Sucht im Hirtenwort nach Begründungen der Ablehnung der aktiven Sterbehilfe.*
- *Plant eine Parlamentsdebatte, ob auch in Deutschland die Entscheidung über den eigenen Tod ermöglicht werden soll. Bringt christliche Argumente in die Überlegungen ein.*

Edvard Munch, 1895

Sterbenden beistehen

Sterbende sollen nicht alleingelassen werden. Sie müssen gerade jetzt Treue und Zuverlässigkeit von Menschen erfahren, die zu ihnen stehen bis in den Tod.
Solcher Beistand kann spürbar werden, indem wir die Hand der oder des Sterbenden halten oder auch die Hand zum Zeichen des Segens auf den Kopf legen. Gerade Sterbende haben ein großes Bedürfnis nach spürbarer Geborgenheit und Annahme.
Die Hörfähigkeit der Sterbenskranken bleibt oft bis in die Bewusstlosigkeit hinein erhalten. Dies ist wichtig für unsere Gespräche am Krankenbett.
Solange Sterbende selbst noch sprechen können, sollten wir sie sich aussprechen lassen: auch ihren Ärger, ihre Mutlosigkeit und ihre Angst (Sterbephasen*). Diese gilt es nicht auszureden, sondern zu teilen.
Einen Priester sollten wir rufen, wenn Sterbende dies selbst wünschen. Weil der Sterbenskranke noch bis in den Tod hinein hören kann, können wir auch mit ihm und für ihn beten. Indem wir beten, bekennen wir: Wir sind nicht allein. Gott ist bei uns.

geburt

ich wurde nicht gefragt
bei meiner zeugung
und die mich zeugten
wurden auch nicht gefragt
bei ihrer zeugung
niemand wurde gefragt
außer dem Einen

und er sagte
ja

ich wurde nicht gefragt
bei meiner geburt
und die mich gebar
wurde auch nicht gefragt
bei ihrer geburt
niemand wurde gefragt
außer dem Einen

und der sagte
ja

Kurt Marti

Psalm-Verse über die Achtsamkeit Gottes im Umgang mit allem Lebendigen

Ps 4,2
Ps 6,3.5
Ps 10,12.14.17
Ps 13,6
Ps 17,8
Ps 18,20.29.33.36
Ps 21,5
Ps 22,10-11
Ps 23
Ps 25,17.20
Ps 27,1.5
Ps 30,2-4
Ps 31,3-4
Ps 32,7
Ps 33,13-15.18
Ps 35,9-10
Ps 36,6-10
Ps 37,5-6.23
Ps 40,2-4
weitere Psalmen:
z.B. 71, 91, 103, 116,
121, 131, 139, 145-147

Ihr könnt aus farbigem Karton eine Hand ausschneiden oder ihr malt die Umrisse eurer Hand auf ein farbiges Papier. Die ausgewählten Psalm-Verse schreibt ihr in Form einer Spirale in die Umrisse der Hand. Wenn ihr den Text dann farbig ausgestaltet, könnt ihr die Hand mit den Psalmversen zu Geburtstagen und anderen Anlässen verschenken.

Menschwürde – Ja sagen

MENSCHENWÜRDE – nicht, weil wir uns über die Tier- und Pflanzenwelt erheben
MENSCHENWÜRDE – nicht, weil wir denken, erfinden und gestalten können
MENSCHENWÜRDE – nicht, weil wir nützlich oder interessant sind
MENSCHENWÜRDE – vielleicht, weil wir lieben, lachen und vergessen
MENSCHENWÜRDE – vielleicht, weil wir Fehler machen, krank werden und sterben müssen
MENSCHENWÜRDE – vielleicht, weil einer Ja zu uns sagt!

Ihr könnt die Satzreihe zu Menschenwürde ergänzen, Einzelheiten hervorheben, Sätze verändern. Besprecht miteinander die neuen Texte und tragt sie dann bei einer meditativen Übung abwechselnd vor.

Achtsamkeit einüben

Sucht für eure Religionsgruppe meditative Übungen, mit deren Hilfe ihr die Achtsamkeit* gegenüber dem eigenen Körper, den eigenen Gedanken, Gefühlen und Hoffnungen wahrnehmen und fördern könnt. Sucht dazu geeignete biblische und christliche Texte, die ihr zum Abschluss einer solchen Achtsamkeitsübung vortragen könnt.
Dieses Kreissymbol stammt aus dem Mittelalter; es kann die Achtsamkeit gegenüber dem eigenen Inneren, aber auch gegenüber allem Äußeren ausdrücken.

Segen erfahren

Einer der ältesten Segenswünsche findet sich im Alten Testament, im Buch Numeri:

Der Herr segne dich
und behüte dich.
Der Herr lasse sein Angesicht
über dich leuchten
und sei dir gnädig.
Der Herr wende sein Angesicht dir zu
und schenke dir Heil.

Num 6,24-26

Schneide die Abbildung eines Gesichts (oder eines Menschen) aus einer Zeitschrift, klebe es auf ein Blatt Papier und gestalte ein Bild zu diesem Segen. Du kannst auch ein Bild deines Gesichtes oder einer dir nahestehenden Person verwenden.

Hans Rams, 1985-1988

Einsatz für das Leben

CVJM Magstadt Ökumenisches Jugendprojekt Unity

Schwester Margret berichtete mit Dias der letzten 20 Jahre von der Entwicklung der Straßenarbeit und der Franziskusstube in Stuttgart. Dorthin kommen Obdachlose und finanziell benachteiligte Personen und erhalten eine Mahlzeit. Vor dem Essen wird zusammen gebetet, und einmal im Monat findet ein Gottesdienst statt. Eine weitere wichtige Aufgabe für Schwester Margret ist die Straßenarbeit. Unter den Obdachlosen gibt es viele Drogenabhängige und Frauen, die durch Prostitution ihre Sucht finanzieren müssen. Daher wurde ein Frauencafé eingerichtet, in dem sie sich austauschen und erholen können. Es werden Häuser bereitgestellt, in denen jeder, der von Obdachlosigkeit bedroht ist, für drei Monate Unterschlupf finden kann. Teil- und vollstationäre Betreuungsformen stehen zur Verfügung. Schwester Margret schöpft Kraft aus ihrem Glauben und versucht diesen auch weiterzugeben. Besonders für Drogenabhängige, die über ihr Leben eigentlich nicht mehr selbst bestimmen können, ist der Glaube wichtig, denn, so Schwester Margret: „Glaube gibt Kraft, das Leben mitzugestalten." Beim letzten Unity-Treffen vor der Sommerpause hatten wir in unserem Kreis den Obdachlosenseelsorger Roland Renz aus Stuttgart zu Gast. Er erzählte über seinen Weg vom Elektriker auf dem Bau zum Obdachlosenseelsorger und über seine jetzige Arbeit. Dann schauten wir gemeinsam die Bibelstelle Mk 8,22-26 an, und Roland Renz deutete sie in Bezug auf Wachheit und Interesse am Nächsten. Er lud uns ein, ihn zu besuchen. Er wohnt in einem ehemaligen Lebensmittelladen, den er montags für alle Gäste geöffnet hat, besonders für die Obdachlosen, und wo man gemeinsam essen, Kaffee trinken und miteinander ins Gespräch kommen kann. Wer einmal vorbeischauen möchte: Roland Renz, Kelterstr. 28, 70199 Stuttgart, 0711 / 2990292. Es lohnt sich bestimmt.

Information unter www.cvjm-magstadt.de/jugendgruppen/unity.htm

- Recherchiert im Rahmen eines Projekts Christinnen und Christen, die sich für das Leben anderer einsetzen. Zwei Beispiele findet ihr hier. Ihr könnt eure Ausarbeitungen als Plakat oder im Computer präsentieren.
- Auf den Feldern der Kirchentüren könnt ihr die sogenannten Werke* der Barmherzigkeit entdecken. Zur Einstimmung vor euren Recherchen und vor euren Präsentationen in Schule oder Pfarrgemeinde eignen sich Standbilder, die ihr zu diesen „Werken der Nächstenliebe" ausprobiert.

Was ist IGER?

IGER, das *Instituto Guatemalteco de Educación Radiofónica*, ist eine Radioschule in Guatemala. Mithilfe der Radioschule – gegründet von dem Jesuiten Franz Tattenbach – können Jugendliche ab 15 Jahren und Erwachsene Schulabschlüsse nachholen, obwohl sie oft weitab vom nächsten Dorf oder gar von der nächsten Stadt leben.
Die sechs Stufen der Grundschule können in drei Jahren erreicht werden, dann folgen das *Basico* (Mittlere Reife) in drei Jahren und das *Bachillerato* (Abitur) in zwei Jahren. Die Schülerinnen und Schüler erhalten die Lehrbücher in ihren jeweiligen Regional-Sprachen von IGER. Damit setzen sie sich täglich am Abend 30 Minuten vor das Radio und hören zu, wie ihnen der Lernstoff vermittelt wird.
Wie kommt es, dass viele Jugendliche und Erwachsene in Guatemala keinen Schulabschluss haben? Es gibt so viel Armut, dass die Familien oft das Schulgeld nicht aufbringen können und die Kinder mitarbeiten müssen, um den Lebensunterhalt zu sichern. Durch unsere Solidarität können wir den Jugendlichen und jungen Erwachsenen Guatemalas die Möglichkeit geben, ihre eigene Zukunft und die Zukunft ihres Landes zu gestalten.

Christina Bonacker war zwei Jahre Lehrerin bei IGER. Information unter www.iger.de

Gabriele Miller, langjährige Vorsitzende des IGER-Freundeskreises in Deutschland, bei der Unterzeichnung der Partnerschaftsurkunde

Junge Erwachsene arbeiten gemeinsam durch, was sie am Radio gehört haben.

Was ihr für einen meiner geringsten Schwestern und Brüder getan habt, das habt ihr für mich getan.
Mt 25,40

CHRISTUS IST AUF DIE WELT GEKOMMEN DAMIT DIE MENSCHEN DAS LEBEN HABEN UND DAMIT SIE ES IN FÜLLE HABEN

In Bildern von Jesus – nicht nur von seinem Leidensweg und vom Kreuz – wird oft der Aufschrei und Protest von Christen gegen einen verletzenden, zerstörerischen Umgang mit dem eigenen und fremden Leben ausgedrückt und ein achtsamer Umgang mit allem Leben gefordert.

Der Maler Oskar Kokoschka hat 1945 mit diesem Plakat gegen den Hunger, die Krankheiten und das Sterben von Kindern in Europa in der Zeit direkt nach dem Zweiten Weltkrieg protestiert.

Der Bund der deutschen katholischen Jugend (BDKJ) lässt jährlich Stationsbilder für einen Jugendkreuzweg gestalten. Die KünstlerInnen setzen sich darin mit aktuellen Herausforderungen unserer Zeit auseinander. Den aktuellen ökumenischen Kreuzweg der Jugend, aber auch die Kreuzwege der vorausgehenden Jahre sowie Materialien dazu findet ihr unter: www.jugendhaus-duesseldorf.de

- *Sucht aus Kunstbildern von Jesus (z.B. unter www.uni-leipzig.de) solche heraus, die gegen einen zerstörerischen Umgang mit eigenem und fremdem Leben protestieren.*
- *Gestalte selbst eine Darstellung als aktuellen Protest und begründe deine Aussage.*
- *Nimm Stellung zu dem Satz oben über Jesus Christus, einem Vers aus Joh 10,10. Was bedeutet das für dich: angesichts verletzenden, zerstörenden Umgangs mit Leben „durch Christus ein Leben in Fülle zu haben"?*

Lexikon

Achtsamkeit
Der Begriff „Achtsamkeit" stammt aus der buddhistischen Ethik: sich mit allem und allen verbunden wissen und eine Beziehung entwickeln, die von Einfühlung, Schutz und Fürsorge bestimmt ist. Die Grundhaltung kann folgendermaßen umschrieben werden: Im Bewusstsein des Leidens, das durch die Beschädigung und Zerstörung von Leben entsteht, bin ich entschlossen, Wege zu erlernen, das Leben von Menschen, Tieren und Pflanzen und auch die anorganische Natur zu schützen. Ich bin entschlossen, nicht zu beschädigen, zu zerstören oder zu töten. Ich werde nicht zulassen, dass andere beschädigen, zerstören und töten. Ich werde keine Form des Beschädigens, Zerstörens oder Tötens unterstützen, weder in der Welt noch in meinem Denken oder in meiner Lebensweise.
Christliche Theologen haben heute den traditionellen Begriff der „Ehrfurcht" durch den Begriff der Achtsamkeit abgelöst und diesen dabei umgedeutet. Der Begriff „Ehre" ist in demokratischen Gesellschaften durch Menschenwürde/Menschenrechte abgelöst, der Begriff „Furcht" ist im Zusammenhang mit Religion und Gewissen nicht förderlich. Christlich bedeutet Achtsamkeit *ethisch* Schutz und Fürsorge für das eigene und das Leben aller Mitgeschöpfe und für den Lebensraum der ganzen Schöpfung, *sozial* die gegenseitige Wertschätzung als Ebenbilder Gottes, *karitativ* die „leiblichen und geistigen Werke der Barmherzigkeit" (→ Werke der Barmherzigkeit), *liturgisch* die persönliche Hinwendung zum Heiligen in Kulträumen und *religiös* das Wahrnehmen der Gotteserfahrung und Gottesbeziehung im eigenen Leben und dem anderer.

Agenda 21
Die Agenda 21 ist ein weltweites Aktionsprogramm, das 1992 bei einer Konferenz der Vereinten Nationen von 172 Saaten beschlossen wurde. Die 21 steht für das 21. Jahrhundert. Das Ziel der Agenda (lat. „was zu tun ist") ist nachhaltige Entwicklung. Nachhaltig bedeutet, dass wir heute so leben und handeln, dass auch unsere Kinder und Enkelkinder eine lebenswerte Welt vorfinden können. Ein nachhaltiger Lebensstil braucht tatkräftige und → achtsame Menschen – weltweit. Weltweit beginnt vor Ort! Gerade auf lokaler Ebene ist die Kompetenz jeder und jedes Einzelnen von Anfang an gefragt. Darum gilt das Motto: global denken – lokal handeln. In Deutschland besteht derzeit (Stand September 2006) in über 2600 Kommunen ein Beschluss zur Erarbeitung einer lokalen Agenda, d.h. dass eine Kommune auf der örtlichen Ebene in Richtung Nachhaltigkeit entwickelt wird. Vgl. Abb. unten.

Asket
Das Wort „Askese" stammt aus dem Griechischen und bedeutet „Übung". Ein Mensch, der sich zur Askese entschließt, will seinen

Unter www.agenda21-treffpunkt.de lassen sich vielfältige schulische Projekte zu Themen der nachhaltigen Entwicklung finden (→ Agenda 21).

Anselm Kiefer, 1976

Anselm Kiefer stellt die Auseinandersetzung um das → Bilderverbot als militärischen Kampf um die Farbpalette dar. Die Namen der Bilderfreunde sind auf, die Namen der Bilderfeinde außerhalb der Palette zu entdecken.

Filmplakat zum Rock-Musical Jesus Christ Superstar, 1971

Rudolf Kurz, 1998

Michael Rickert, „durchkreuzt“: Gebetsposter zum Ökumenischen Kreuzweg der Jugend, 2002

Weil Gott sich in Jesus Christus hat sehen lassen, sind durch die Jahrhunderte Christusbilder entstanden, die das Ringen der Menschen um seine Bedeutung zeigen (→ Bilderverbot).

Körper und Geist, seine Wünsche und Bedürfnisse kontrollieren. Er versucht bestimmte Bedürfnisse (z.B. Nahrung, Schlaf, Geld, Kleidung) einzugrenzen.
Wer asketisch lebt, verfolgt verschiedene Ziele: Vorbereitung auf Meditation oder Gottesdienst; Befreiung von negativen Eigenschaften wie Ungeduld oder Neid und Aufbau positiver Eigenschaften wie Gelassenheit und → Achtsamkeit; Verwirklichung religiöser Ziele usw. Menschen, die in Askese leben, gibt es in den verschiedenen Religionen der Welt.
Auch im Christentum hat Askese eine lange Geschichte, die bis ins Neue Testament zurückreicht. In den Evangelien wird davon erzählt, wie Johannes der Täufer als Asket gelebt hat (vgl. Mk 2,18; Mt 3,4).

Berufung

Berufung kann als ein Vorgang verstanden werden, durch den ein Mensch sich aufgefordert sieht, eine Aufgabe zu erfüllen oder sein Leben neu auszurichten. Die Gewissheit ist für manche so groß, als ob sie sie mit Händen greifen, mit den Augen sehen (Visionen) oder mit den Ohren hören (Auditionen) könnten. Eine Berufung fordert eine Entscheidung. Dabei nimmt die oder der Berufene den Ruf nicht immer gleich an, sondern muss darüber nachdenken oder sich mit anderen beratschlagen. Für Christen ist es Gott, der Menschen beruft.

Bilderverbot

Nach Ex 20,4 („Du sollst dir kein geschnitztes Bild machen, kein Abbild von dem, was im Himmel droben und unten auf der Erde oder im Wasser unter der Erde ist.") gehört das Bilderverbot zum Dekalog, zu den sog. Zehn Geboten. Der Sinn erschließt sich aus der vorhergehenden Weisung: „Du sollst keine anderen Götter haben als mich." Damit wird das Volk Israel auf die alleinige Verehrung Jahwes, der sein Volk aus der Knechtschaft in Ägypten befreit hat, verpflichtet.
Das Bilderverbot richtet sich nicht gegen jegliche bildliche Darstellungen, sondern ist ein Kultbilderverbot, das sich gegen die Verehrung von Götzenbildern wendet. Auch die Darstellung Gottes Jahwe im Bild ist verboten, weil die Wirklichkeit und Größe Gottes alles Darstellbare übersteigt und Gott unverfügbar ist. Das Christentum hat sich immer wieder mit dem Bilderverbot auseinandergesetzt. Nach heftigen Konflikten zwischen Bilderfreunden und Bilderfeinden setzte sich im 9. Jh. die Ansicht durch, dass Jesus Christus bildlich dargestellt werden darf. Weil Gott sich in Jesus Christus hat sehen lassen, ist das Bild Christi als Gottesbild möglich. Da Christus „das Bild des unsichtbaren Gottes" ist (Kol 1,15), hat die Kirche Gottesbilder zugelassen. Vgl. Abb. links.

Brahmane

Ein Brahmane ist ein Mitglied der obersten hinduistischen Kaste, der Priesterkaste. Ursprünglich durften nur Brahmanen die heiligen Schriften auslegen und Priester sein. Mit dem Aufkommen der Bhakti-Frömmigkeit (Liebe, Hingabe), einer Reformbewegung, welche die liebende Hingabe an das Göttliche betonte und gegen die Macht der Tempelpriester Stellung bezog, ging der Einfluss der Brahmanen langsam zurück. Heute üben die Brahmanen auch andere Berufe aus, u.a. auch deshalb, weil das Einkommen eines durchschnittlichen Priesters eher dürftig ist. Anderer-

Ein → Brahmane, ein hinduistischer Priester

seits gibt es mittlerweile immer mehr Angehörige anderer Kasten, welche die Aufgaben eines Priesters übernehmen.
Vgl. Abb. 141.

Buddhisten und Gott

Buddha, der Begründer des Buddhismus, lehrte nicht die Existenz eines Gottes und wollte auch selbst nicht als Gott verehrt werden. Was den Buddhismus aber mit den Religionen verbindet, ist, dass Buddha die Menschen den Weg der Erlösung lehren wollte. Der Buddhismus zeigt den Menschen, wie sie sich vom Leiden befreien können. Buddha hat darauf verzichtet, von Gott zu sprechen. Sein Schweigen über Gott bedeutet kein Leugnen einer göttlichen Wirklichkeit. Aus christlicher Sicht steckt dahinter vielleicht die Einsicht, dass die menschliche Sprache nicht bis an die Größe Gottes heranreicht und deshalb davor verstummen muss.

Die → Caritas und andere kirchliche → Hilfswerke sind auch für Jugendliche da.

Tibetische Mönche demonstrieren gegen die Ermordung von drei Mitbrüdern (→ Dalai Lama).

Caritas

Ein → Hilfswerk der katholischen Kirche. *Caritas* kommt aus der lateinischen Sprache und bedeutet „Nächstenliebe". Caritasvereine und -verbände gibt es auf verschiedenen Ebenen: in der Pfarrei, landesweit, international. In Deutschland hat der Caritasverband etwa 260 000 MitarbeiterInnen und viele freiwillige HelferInnen. Sie arbeiten in der Alten-, Kranken- und Behindertenpflege sowie in Erziehung und Beratung. Die Caritas unterhält über 25 000 Einrichtungen mit über 1 000 000 Plätzen. Auf internationaler Ebene hilft die Caritas besonders bei Katastrophen und in Kriegsgebieten. Die Arbeit der Caritas wird weitgehend durch Spenden und Mittel aus der Kirchensteuer finanziert. Vgl. Abb. links.

Deutscher Caritasverband e.V.
Karlstr. 40, 79104 Freiburg
Internet: http:www.caritas.de
E-Mail: info@caritas.de

Christus-Monogramm

Das Christus-Monogramm (griech. *Chi-Rho*) ist neben dem Fisch ein altes Symbol für Jesus Christus und stellt die ersten beiden Buchstaben seines Namens dar. Die Laute „Chi" und „R" für den Namen Christus werden im Griechischen durch die Buchstaben X und P dargestellt. Das Monogramm wurde seit dem 2. Jh. von Christen verwendet, um ihren Glauben zu bekennen und sich in Zeiten der Christenverfolgung untereinander zu verständigen. Seit Kaiser Konstantin dem Großen (312) ist das Christus-Monogramm zum Siegeszeichen geworden.

Dalai Lama

Der Dalai Lama („Lehrer, dessen Weisheit so weit wie der Ozean ist") ist nach der Tradition das politische und religiöse Oberhaupt von Tibet, einer autonomen Teilrepublik Chinas.
Der 14. Dalai Lama wurde 1935 als Bauernsohn mit dem Namen Lhamo Thondup geboren. Als er

knapp drei Jahre alt war, erkannten Mönche der sog. Findungskommission in ihm die → Wiedergeburt des Oberhaupts der tibetischen Buddhisten. Nach intensiver Prüfung und Unterrichtung durch Geistliche wurde er 1940 inthronisiert. Als 1949 die chinesische Volksbefreiungsarmee mit der Eroberung Tibets begann, wurde dem damals 15-jährigen Dalai Lama im November 1950 die Herrschaft über Tibet übertragen. In den Kämpfen gegen die chinesische Herrschaft verloren Zehntausende von Tibetern ihr Leben; der Dalai Lama musste 1960 ins Exil nach Indien flüchten.
Seit dieser Zeit setzt er sich mit gewaltlosen Mitteln für die Freiheit der Menschen in Tibet ein. 1989 erhielt er dafür den Friedensnobelpreis. Trotz vieler Versuche, mit den Chinesen in einen Dialog zu treten, fanden bisher keine direkten Gespräche statt. In seinen Reden trägt der Dalai Lama die Lehre des Buddhismus in die ganze Welt.
Vgl. Abb. links.

Deutsche Bischofskonferenz

Die Deutsche Bischofskonferenz (DBK) ist ein Zusammenschluss der katholischen Bischöfe aller Diözesen in Deutschland. Derzeit (2009) gehören ihr 69 Mitglieder (neben den Bischöfen u.a. die Weihbischöfe) aus den 27 deutschen Diözesen an. Die Organisation ist mit ihrem Sekretariat in Bonn ansässig, das Kommissariat der deutschen Bischöfe befindet sich in Berlin. Der derzeitige Vorsitzende ist der Freiburger Erzbischof Robert Zollitsch. Zu den Aufgaben der Bischofskonferenz gehören u.a. das Studium und die Förderung gemeinsamer pastoraler Aufgaben, die gegenseitige Beratung, die Koordinierung der kirchlichen Arbeit, gemeinsame Entscheidungen, die Pflege der Verbindung zu anderen Bischofskonferenzen.
Unter www.dbk.de könnt ihr die vielfältigen Aktivitäten der DBK erkunden.

Dienste und Ämter der Kirche

Seit der Frühzeit der Kirche haben sich verschiedene Dienste und Ämter für die unterschiedlichen Aufgaben gebildet. Als Ämter, die mit einer Weihe verliehen werden, kennen wir heute das Diakonat, das Priester- und Bischofsamt.
Die *Bischöfe* stehen in der Nachfolge der Apostel. Sie werden vom Papst, dem Bischof von Rom, ernannt und leiten in Gemeinschaft mit ihm die weltweite Kirche. Das Gebiet, für das sie verantwortlich sind, wird Diözese oder Bistum genannt. Der Bischof weiht die → Priester und Diakone für ihren Dienst.

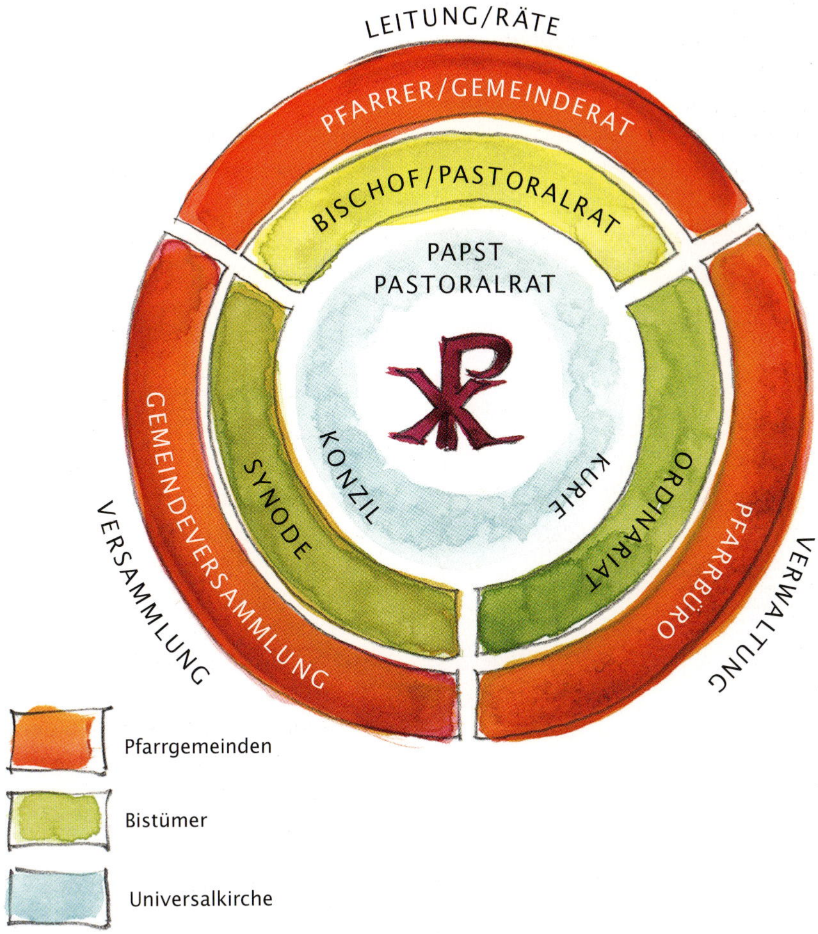

Die Illustration verdeutlicht, wie die Verwaltungsstrukturen der Kirche – auf der Ebene der Pfarreien und Seelsorgeeinheiten, der Diözesen und der Weltkirche – auf Jesus Christus im Zentrum hingeordnet sind (→ Dienste und Ämter der Kirche).

Symbole für die → Dreieinigkeit – drei Figuren, die ein Dreieck und/oder einen Kreis bilden – werden oft in der Kirchenarchitektur genutzt, hier als Schlusssteine oben im Gewölbe. Sie sind zugleich Schmuck und theologische Aussage.

Ein *Priester* leitet eine örtliche → Pfarrgemeinde oder einen Pfarrverband, steht dort der Feier der Eucharistie vor und ist Spender der → Sakramente.
Dem Priester steht der *Diakon* zur Seite. Zu seinen Aufgaben gehören besonders die helfenden Dienste in der Gemeinde (→ Caritas) und die Mithilfe bei der Gottesdienstfeier. Diakone dürfen auch als Vertreter des Priesters die Taufe spenden und die Feier der Trauung leiten, wenn sie dazu beauftragt sind.
Neben *ehrenamtlichen MitarbeiterInnen* gibt es in vielen Gemeinden auch hauptamtliche nicht geweihte MitarbeiterInnen. Je nach Ausbildung sind sie *GemeindereferentIn* oder *PastoralreferentIn*. Sie unterstützen den Priester bei seinen Aufgaben und tragen für bestimmte Bereiche Verantwortung, z.B. für die Erstkommunion- oder Firmvorbereitung oder die Jugendarbeit.
Vgl. Abb. 143.

Dreieinigkeit

Der Glaube an die Dreieinigkeit besagt, dass der eine Gott sich in drei Personen äußert: im Vater, im Sohn und im Heiligen Geist. Wir dürfen uns Gott aber nicht wie drei einzelne Götter vorstellen. Das Wort Person kommt von *personare* und heißt „hindurchtönen". D.h., dass durch jede der drei göttlichen Personen der eine und einzige Gott „hindurchtönt": der Vater, der die Welt erschaffen hat, der Sohn, der in die Welt gekommen ist, und der Heilige Geist, der die Menschen in ihrem Inneren und in ihrem Tun erfüllt. In jeder „Gestalt" Gottes begegnet uns also der eine Gott. Die Dreieinigkeit wurde im Mittelalter in sog. Gnadenstuhl-Darstellungen verbildlicht.
Vgl. Abb. links und rechts.

Europäische Ökumenische Versammlung

Die Europäischen Ökumenischen Versammlungen haben das Ziel, die Zusammenarbeit und die Einheit der unterschiedlichen christlichen → Konfessionen zu fördern.
Die bisherigen Europäischen Ökumenischen Versammlungen wurden von der Konferenz Europäischer Kirchen und vom Rat der Europäischen Bischofskonferenzen gemeinsam durchgeführt.
Die erste dieser Versammlungen fand 1989 in Basel/Schweiz statt. Unter dem Thema „Frieden in Gerechtigkeit" stand sie im Rahmen des → Konziliaren Prozesses für Gerechtigkeit, Frieden und Bewahrung der Schöpfung.
Die zweite Europäische Ökumenische Versammlung in Graz/Österreich hatte das Thema „Versöhnung – Gabe Gottes und Quelle neuen Lebens."
Die dritte Versammlung fand 2007 im rumänischen Sibiu (Hermannstadt) unter dem Motto „Das Licht Christi scheint auf alle" statt.

Evangelium

→ Zwei-Quellen-Theorie der Entstehung der Evangelien

Fegefeuer

„Fegefeuer" ist nicht ein Ort ewigen, quälenden Feuers, in das der sündige Mensch nach dem Tod geworfen wird, sondern ein

Im Mittelalter wurde die → Dreieinigkeit häufig auf solchen Gnadenstuhl-Darstellungen gezeigt: Gottvater auf dem himmlischen Thron hält Christus am Kreuz; der Heilige Geist, symbolisiert in der Taube, verbindet beide. Die Abbildung oben zeigt die Trinität in einer → Mandorla, umgeben von Symbolen der vier Evangelisten: Der Engel steht für Matthäus, der Adler für Johannes, der Stier für Lukas und der Löwe für Markus.
Gnadenstuhl aus dem Landgrafenpsalter, 1210

Sprachbild für den Vorgang der „Reinigung, Läuterung" der Menschen. Im Christentum spricht man auch von „Reinigungsfeuer". Feuer hat die Kraft, mit minderwertigen Materialien verschmutztes Silber oder Gold zu reinigen, indem im Erhitzen beides getrennt und das unerwünschte Material entfernt werden kann. Auch Ärzte wissen: Feuer schmerzt, aber heilt; Wunden werden „ausgebrannt", Laserstrahlen entfernen krankes Gewebe. „Fegefeuer" brennt ebenso, aber es ist notwendig, um alles im Menschen zu heilen, was ihn von der Liebe Gottes trennt. Zögert ein Mensch, sich ganz für Gott zu entscheiden, so kann er nach dem Tod nicht mehr davor weglaufen. Sagt er dann „Ja" zu Gott, öffnet ihn der Prozess des „Reinigungsfeuers" für Gott. Er gewinnt die göttliche Nähe, den → „Himmel". Sagt er aber „Nein" zu Gott, so verliert er dessen Nähe und schafft sich seine eigene → „Hölle".

Ganges

Der Ganges, im Indischen eigentlich die Ganga, ist ein 2511 km langer Fluss in Indien und Bangladesch (Asien) und gilt als der heilige Fluss der Hindus. Millionen von gläubigen Hindus besuchen das ganze Jahr hindurch die Orte an den Ufern des Ganges. Das Bad in ihm dient der körperlichen und spirituellen Reinigung und soll von Sünden reinigen. Mindestens einmal im Leben möchte jeder Hindu in die Fluten des Ganges eintauchen. Für die eigene Familie und die Nachbarn nehmen gläubige Hindus das kostbare Wasser dann in Flaschen mit nach Hause. Viele

Die Göttin Ganga, „die schnell Gehende", ist die göttliche Personifikation des → Ganges, des heiligsten aller indischen Flüsse.

versprechen sich davon Heilung. Für den hinduistischen Gottesdienst ist Wasser aus dem Ganges als „Weihwasser" unerlässlich. Viele Hindus möchten nach Möglichkeit am Ganges sterben und ihre Asche im Fluss verstreuen lassen, weil sie damit unmittelbar dem Kreis der Wiedergeburten entkommen und ins → Nirwana eingehen. Vgl. Abb. 145.

Glaubensbekenntnis (Credo)

Menschen bekennen ihren Glauben im alltäglichen Handeln und in bestimmten Worten. Im Mittelpunkt des christlichen Glaubensbekenntnisses steht immer Jesus Christus. Deshalb kann das Bekenntnis eine kurze Formel sein wie „Jesus ist der Herr" (1 Kor 12,3). Solche Bekenntnisse wurden im Laufe der Geschichte erweitert, um auszudrücken, welche Bedeutung Jesus, sein Tod und seine Auferstehung haben. Das gebräuchlichste Glaubensbekenntnis ist das sogenannte Apostolische Glaubensbekenntnis. Es wird den Aposteln selbst zugeschrieben und besteht aus drei Teilen, die Aussagen zur → Dreieinigkeit Gottes (Trinität) machen.
Der erste Abschnitt beginnt mit „Ich glaube an Gott den Vater, den Allmächtigen", der zweite mit „Ich glaube an Jesus Christus", der dritte mit „Ich glaube an den Heiligen Geist". Diese drei Bekenntnisse entsprechen den drei Fragen, die den Taufkandidaten in der Frühkirche gestellt wurden. Bis heute ist das Bekenntnis des Glaubens die Voraussetzung zur Spendung des Taufsakraments. Das Credo an Jesus Christus ist also ein Symbol (= Erkennungszeichen) der Christen. Denn Jesus selbst ist gleichzeitig Sohn Gottes und Symbol Gottes in der Welt, also Symbol und Wirklichkeit in einer Person.

Hildegard von Bingen (1098-1179)

Hildegard gilt als die bekannteste gelehrte Frau des Mittelalters. Man nennt sie *prophetissa teutonica*, d.h. deutsche Prophetin. Seit ihrem 40. Lebensjahr schrieb sie umfangreiche Bücher über den christlichen Glauben, über Naturkunde und Medizin. Deswegen gilt sie auch als erste

Die Darstellung aus Handschriften des 12./13. Jh. zeigt → Hildegard von Bingen als „Seherin", wie sie eine Vision niederschreibt. Die roten Flammen symbolisieren die göttliche Inspiration. Der Mönch Volkmar, Hildegards Sekretär, schaut in ihre Zelle hinein. Das von → Hildegard gegründete Kloster Rupertsberg bei Bingen am Rhein wurde während des Dreißigjährigen Kriegs im 15. Jh. zerstört. Der Maler Matthias Grünewald (ca. 1475-1528) hat es in seinem berühmten Gemälde für den Isenheimer Altar abgebildet, und zwar als Hintergrund in der Christi-Geburt-Szene.

deutsche Ärztin. Heute noch wird Medizin nach ihren Rezepten hergestellt. Sie war Benediktinernonne und gründete zwei Klöster, in Bingen und in Rüdesheim, die sie als Vorsteherin (Äbtissin) leitete. Für ihre Klostergemeinschaften komponierte sie Gesänge und verfasste religiöse Gedichte. Sie reiste durch das ganze Land und predigte öffentlich auf Marktplätzen und in Klöstern. Sogar der Kaiser schätzte Hildegard als Ratgeberin. Vgl. Abb. links.

Hilfswerke, kirchliche

Die Hilfswerke der Kirchen haben sich die Aufgabe gestellt, Armut und Not zu bekämpfen und die Bemühungen um eine gerechtere Welt zu unterstützen. Sie werben um einen Ausgleich zwischen armen und reichen Ländern.
In Deutschland werden dazu nicht nur Spenden gesammelt: Die Hilfswerke legen auch viel Wert auf Informationsarbeit. Wir sollen lernen, dass die Menschen in den armen Ländern unsere Partner sind, die unsere Solidarität verdienen. Die Hilfswerke stellen Informationsmaterial – auch für Kinder und Jugendliche – zur Verfügung. Sie machen auf Anfrage Vorschläge, wie man Aktionen durchführen kann, und stellen den Kontakt zu den Menschen her, denen die Aktion zugute kommen soll (→ Caritas).

Der auferweckte Christus zieht Adam und Eva, stellvertretend für alle Menschen, mit einem Griff ans Handgelenk zu sich in den → Himmel (vgl. 43 und → Mandorla). Das Tor zum Feuerort der → Hölle, so wie sie sich der Maler des 10. Jh. vorgestellt hat, ist ein für alle Mal zerbrochen.
Anastasis (grch. = Höllenfahrt Christi), in einer lateinischen Handschrift, um 981-987

Himmel

Für Christen ist der „Himmel" nicht ein ferner Ort ewiger Ruhe, in den die Seele erst nach dem Tod zu kommen hofft. Das Wort „Himmel" ist ein Sprachbild für die liebende Gemeinschaft mit Gott und allen Heiligen (allen, die zum göttlichen Lebensbereich gehören), in der ein Mensch sich vollkommen angenommen weiß. „Himmel" beschreibt also einen zeitlosen, erfüllten Zustand, in dem nichts mehr zwischen der Liebe Gottes und den Menschen steht. Die Auferstehung Jesu von den Toten zeigt: Die Liebe Gottes überwindet alles, was Menschen am Lebendigsein hindert. Gott richtet die Menschen: d.h. er macht „recht", „richtig" und heilt, was verletzt und verkrümmt ist – im ganzen Menschen, mit Leib, Geist und Seele. Ein „himmlischer" Mensch ist so, wie Gott ihn sich wünscht: vollkommen lebendig. Vgl. Abb. oben.

Hölle

Für Christen ist die „Hölle" nicht ein Ort oder Zustand ewiger, grausamer Strafe, in den ein sündiger Mensch nach dem Tode verbannt wird. „Hölle" ist ein Sprachbild für die Erfahrung, fern von Gottes Liebe zu sein. Glaubende wissen: Der Mensch braucht Gottes helfende und rettende Nähe, um glücklich zu sein und erfülltes Leben zu erlangen. Wer sich bewusst gegen Gott entscheidet und sich nur auf sich selbst verlässt, lehnt Gottes

Franz → Jägerstätter folgte seinem Gewissen.

Lebensgeschenk ab und bleibt einsam. Gott kann ihn nicht erreichen, weil sich der Mensch ganz verschlossen hat. Zu allen Zeiten warnten Christen davor. Im Mittelalter zeichnete man deshalb die Hölle als „schrecklichen Feuerort", an dem die Seelen gequält werden (→ Fegefeuer). Der Dichter Dante hingegen verweist auf das einsame, leblose Schicksal: Die Mitte der Hölle ist für ihn ein Meer aus kaltem, ewigen Eis. Vgl. Abb. 147.

Ideologie

Das Wort Ideologie (aus dem griech. *idea*, Erscheinung, und *logos* Lehre) bedeutet so viel wie Ideenlehre. Man kann das Wort verschieden verstehen: Für manche, z.B. in der Philosophie, ist es ein neutraler Begriff für eine bestimmte Art, wie man die Welt sehen und die unterschiedlichen Weltanschauungen und Werturteile beschreiben kann. In der Umgangssprache wird „Ideologie" häufig abwertend verwendet, um z.B. Menschen zu kritisieren, die an ihren Weltsichten angeblich gegen alle Vernunft starr festhalten, besonders bei einer abweichenden Weltanschauung. *Ideologiekritik* stellt ideologische Tendenzen, z.B. sich absolutsetzende Weltanschauungen und Gesellschaftsordnungen, infrage und zeigt ihre begrenzte Reichweite und ihre falschen Absolutheitsansprüche auf.

Jägerstätter, Franz (1907-1943)

Franz Jägerstätter wurde am 20. Mai 1907 in St. Radeburg in Österreich geboren. Im Januar 1938 sah er in einem Traum einen Zug, in den immer mehr Menschen einstiegen, und hörte eine Stimme sagen: „Dieser Zug fährt in die Hölle." Er deutete diesen Traum als Warnung vor dem Nationalsozialismus, der mit Jägerstätters katholischer Weltanschauung unvereinbar war. Am 17. Juni 1940 wurde er in die Wehrmacht einberufen. Weil er es zu diesem Zeitpunkt für eine Sünde ansah, den Befehlen des Staates nicht zu gehorchen, leistete er den Fahneneid auf Hitler. Auf Betreiben seiner Heimatgemeinde wurde er vorerst vom Kriegsdienst freigestellt. Aufgrund seiner großen Gewissensbedenken gegenüber dem Krieg und gegenüber dem Nationalsozialismus wuchs bei ihm die Absicht, den Wehrdienst zu verweigern. Bei seiner neuen Einberufung 1943 erklärte er sofort, dass er aufgrund seiner religiösen Einstellung den Wehrdienst mit der Waffe ablehne, dass er gegen sein religiöses Gewissen handeln würde, wenn er für den nationalsozialistischen Staat kämpfen würde. Er könne nicht gleichzeitig Nationalsozialist und Katholik sein, weil es Dinge gebe, wo man Gott mehr gehorchen müsse als den Menschen. Aufgrund des Gebotes „Du sollst deinen Nächsten lieben wie dich selbst" dürfe er nicht mit der Waffe kämpfen. Er sei jedoch bereit, als Sanitätssoldat Dienst zu leisten. 1943 begannen Verhöre, und er wurde nach Linz ins Wehrmachts-Untersuchungsgefängnis gebracht. Dort traf er zum ersten Mal Gesinnungsgenossen. Er hörte, dass auch andere Personen den Wehrdienst verweigerten und Widerstand leisteten. Anfang Juli wurde er vom Reichskriegsgericht in Berlin wegen „Zersetzung der Wehrkraft" zum Tode verurteilt und enthauptet. Die ihm bis zuletzt eingeräumte Möglichkeit, seine Verweigerung zurückzunehmen, lehnte er ab. Erst spät nach seinem Tod bekam Franz Jägerstätter Anerkennung für sein Handeln und wurde 2007 in Linz seliggesprochen. Vgl. Abb. links.

Johannes XXIII. (1881-1963)

Papst Johannes XXIII. wurde als Angelo Giuseppe Roncalli am 25. November 1881 in einer einfachen Bauernfamilie in Sotto il Monte bei Bergamo geboren. 1904 wurde er als Priester geweiht. Im Ersten Weltkrieg diente er als Sanitäter, später als Feldgeistlicher. Ab 1925 war er Gesandter des Vatikans in Bulgarien mit Sitz in Sofia, ab 1933 in der Türkei und in Griechenland. Als solcher half er Juden zur Flucht aus dem von der deutschen Wehrmacht im Zweiten Weltkrieg besetzten

Papst → Johannes XXIII.

Ungarn. 1944 wurde er zum vatikanischen Nuntius – Botschafter – in Paris ernannt, 1953 zum Kardinal und Patriarchen von Venedig.
Am 28. Oktober 1958 wurde er im Alter von 77 Jahren zum Papst gewählt. Er nahm den Namen Johannes XXIII. an. 30 Tage nach seiner Wahl kündigte er die Einberufung des Zweiten Vatikanischen Konzils an, das er am 11. Oktober 1962 eröffnete. Das Konzil sollte die römisch-katholische Kirche durch Modernisierung *(Aggiornamento)* in Lehre und Organisation reformieren und die Begegnung der getrennten christlichen Kirchen sowie den Dialog mit anderen Religionen fördern.
Als Bischof von Rom besuchte er u.a. das römische Staatsgefängnis, wo er die Häftlinge tröstete mit der Erzählung von seinem Onkel, der ebenfalls (wegen Wilderei) inhaftiert war. Seine Aufgeschlossenheit für die → Ökumene zeigte sich 1960 in der Gründung des „Sekretariats für die Einheit der Christen", in Kontakten zur orthodoxen und evangelischen Kirche, zu Vertretern des Protestantismus und zum Ökumenischen Rat der Kirchen, zu Juden und Muslimen. Aufgrund seiner persönlichen Ausstrahlung, seines Engagements für den Frieden, seiner Toleranz und seines Optimismus wurde er nicht nur innerhalb der katholischen Kirche hoch verehrt. Er wollte ein „guter Hirte" nach dem Vorbild von Petrus sein. Johannes XXIII. starb am 3. Juni 1963 an einem Krebsleiden und wurde im Petersdom beigesetzt. Nie zuvor seit der Kirchenspaltung im 11. Jh. und der Reformation im 16. Jh. hatte ein Papst so viel Anerkennung und weltweite Beachtung gefunden. Am 3. September 2000 wurde Johannes von Papst Johannes Paul II. seliggesprochen. Vgl. Abb. links.

Karma

Die Vorstellung vom *Karma* findet sich in der buddhistischen und hinduistischen Religion. *Karma* steht für das gesamte Denken, Wollen, Reden und Handeln eines einzelnen Menschen, das sich für seine weiteren → Wiedergeburten entweder förderlich oder ungünstig auswirkt. Alles, was ein Mensch in Gedanken, Worten oder Werken tut, bringt gutes oder schlechtes *Karma* hervor und fesselt erneut an das Rad der Wiedergeburt. Entscheidend ist, was der Einzelne beabsichtigt und welche Ziele er mit seinem Handeln verfolgt. Denn die positiven oder negativen Absichten machen das *Karma* aus.

Viele westliche Menschen finden die Vorstellung der Wiedergeburt reizvoll, weil sie viele Leben erhoffen. Buddhisten und Hinduisten dagegen möchten durch gute Absichten und Taten ihr → Karma verbessern und sich aus dem Rad der Wiedergeburten befreien.

Sie bestimmen zum einen die Ebene, auf der man wiedergeboren wird (tierisch, menschlich), und zum anderen die Verhältnisse dieser neuen Existenz. Positives *Karma* verursacht eine Wiedergeburt unter angenehmen Bedingungen, negatives *Karma* führt zu Abstieg und Unheil.
Vgl. Abb. oben.

Kaste

Das Wort *casta* (portugiesisch: Geschlecht, Stamm) bezeichnet soziale Zuordnungen im Hinduismus. Offiziell wurde das Kastensystem in der Mitte des 20. Jahrhunderts abgeschafft, hat aber inoffiziell nicht an Gültigkeit verloren. Wenn ein Kind in Indien geboren wird, gehört es sein ganzes Leben lang der Kaste an, in der bereits seine Großeltern, Eltern usw. gelebt haben, und es

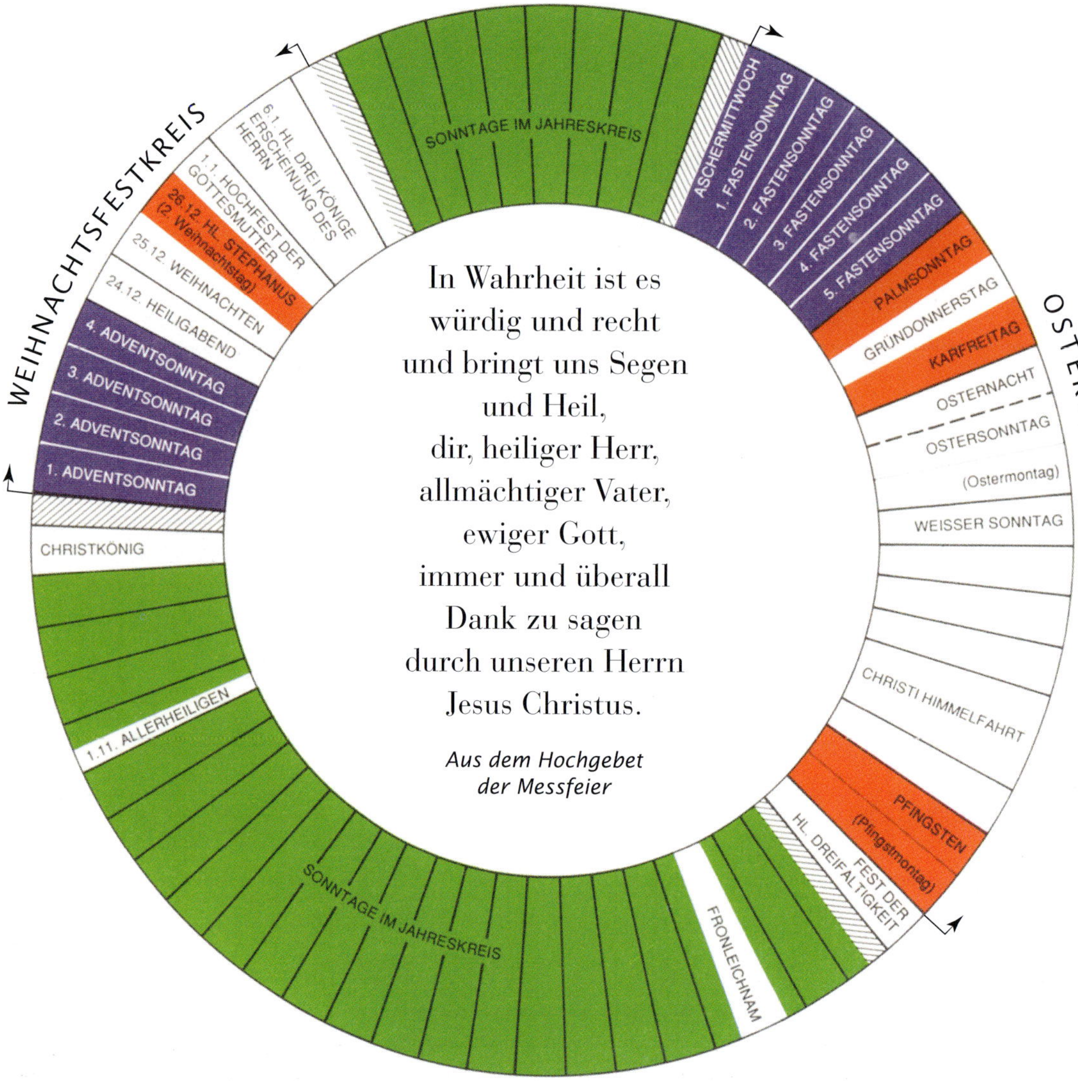

Die Darstellung des → Kirchenjahres zeigt zugleich die liturgischen Farben, d.h. die Farben des im Gottesdienst getragenen Priestergewands. Weiß bedeutet Klarheit, Licht, Reinheit und Unschuld, Violett steht für Buße und Umkehr, Rot symbolisiert das Blut der Märtyrer und das Feuer des Hl. Geistes, Grün steht für die Hoffnung und das Leben.

ist ihm nicht möglich, in eine andere Kaste zu wechseln.
Man kann sich unter einer Kaste eine Gruppe vorstellen, in der alle Angehörigen bestimmte Berufe ausüben und festgelegte Sitten, Regeln, Pflichten und Verbote beachten müssen. Die Zahl der Kasten in Indien (je nach Zählung zwischen 500 und 5000) sind nach einem bestimmten Rangprinzip geordnet: Es gibt Kasten mit hohem Rang und Ansehen (→ Brahmane) sowie Kasten mit niedrigem (Totengräber = Dom). Man teilt diese vielen Kasten ganz grob in vier Kategorien ein:

- Brahmanen (Priester),
- *Kshatriyas* (Krieger, Adel),
- *Vaishyas* (Kaufleute, Bauern),
- *Shudras* (Handwerker, Diener, Knechte).

Außerhalb der sozialen Ordnung steht die Gruppe der Kastenlosen, der Parias.
Das Kastenwesen in Indien ist bis heute Ursache für soziale Ungerechtigkeit. Deshalb ist das Christentum, das jedem Menschen gleiche Würde zuspricht, besonders attraktiv für Menschen der unteren Kasten.

Kirchenjahr

Das Kirchenjahr beginnt etwa vier Wochen vor dem Kalenderjahr mit dem 1. Advent. Viele kirchliche Feste erinnern im Laufe des Jahres an wichtige Stationen aus dem Leben Jesu:
An **Weihnachten** (25.12.) feiern Christen die Geburt Jesu. Das unscheinbare Kind in der Krippe steht für Gottes neuen Anfang mit dieser Welt. Durch Jesus können die Menschen erfahren, dass die Welt sich wirklich verändert, wenn Menschen in Frieden mit Gott und untereinander leben. So sind die Evangelien keine bloßen Berichte über die Geburt Jesu, sie verkünden vielmehr die frohe Botschaft von der Zuwendung Gottes an die Menschen. Jesus selbst ist das eigentliche Weihnachtsgeschenk.
Der Festtag **Erscheinung des Herrn** (Dreikönig) am 6. Januar verdichtet die Weihnachtsbotschaft. Das Evangelium des Tages erzählt von Sterndeutern, die sich im fernen Morgenland aufgemacht haben, um den neugeborenen Jesus zu sehen. Die Botschaft von der Ankunft des Messias ist eine frohe Botschaft für die Menschen aller Länder. Am Dreikönigsfest engagieren sich Zehntausende Kinder und Jugendliche bei der Sternsingeraktion für Frieden und Gerechtigkeit in der Einen Welt.
Mit dem Fest **Taufe des Herrn**, am Sonntag nach dem 6. Januar, endet der Weihnachtsfestkreis.
Am **Aschermittwoch** beginnen der Osterfestkreis und die österliche Fastenzeit, die Zeit der Vorbereitung auf das Osterfest. Zum Ende der Fastenzeit eröffnet der **Palmsonntag** die Heilige

Diese Darstellung des Pfingstfestes (→ Kirchenjahr) stammt aus einem kostbar ausgestatteten Buch für die Lesung der Evangeliumstexte im Gottesdienst. Ausgehend von Gottvater und Sohn, oben symbolisiert in Kreis, Kreuz und Segenshand, ergießt sich der Hl. Geist, symbolisiert in Feuerstrahl und Taube, auf Maria und die zwölf Apostel. In den vier Ecken sind die Evangelisten dargestellt (vgl. 145).
Pfingsten, Ausgießung des Hl. Geistes, Evangeliar Heinrichs des Löwen, um 1170

Woche. Im Mittelpunkt des Festes am letzten Sonntag vor Ostern steht die Erinnerung an den umjubelten Einzug Jesu in Jerusalem. Aber der Mann auf der Eselin ist nicht der mächtige König, auf den das Volk Israel gewartet hat. Jesus ist unerwartet anders, er ist „König" im Reich Gottes, das auf Erden begonnen hat und im → Himmel vollendet wird. Seinen Namen verdankt das Fest den grünen Zweigen, die im Gottesdienst geweiht und als Siegeszeichen des Lebens über den Tod zu Hause ans Kreuz gesteckt werden.
Am **Gründonnerstag** erinnern sich die Christen an das Letzte Abendmahl, das Jesus mit seinen Jüngern in Jerusalem gefeiert hat. Der Auftrag „Tut dies zu meinem

Gedächtnis!" gilt bis heute, die Eucharistiefeier ist bis in unsere Zeit Quelle und Mittelpunkt des christlichen Lebens.
In vielen Gemeinden wäscht der Priester am Gründonnerstag zwölf Gemeindemitgliedern die Füße. Das Johannes-Evangelium erzählt, dass Jesus im Abendmahlssaal seinen Jüngern die Füße gewaschen und gesagt hat: „Ich habe euch ein Beispiel gegeben, damit auch ihr handelt, wie ich an euch gehandelt habe" (Joh 13,15).

Pfarrer Sebastian → Kneipp (oben) und Kurgäste beim Wassertreten

Am **Karfreitag** denken die Christen an das Leiden und Sterben Jesu. Die Gemeinden versammeln sich zur Todesstunde Jesu (um 15 Uhr) in der Kirche. Im Gottesdienst wird das Evangelium vom Leiden Jesu und seinem Tod am Kreuz vorgetragen. Das Kreuz des Todes wird zum Zeichen des Heils; denn Gott hat Jesus zu neuem Leben auferweckt.
Am Sonntag nach dem ersten Vollmond im Frühling, wenn die Natur erwacht und die ersten Blumen blühen, ist **Ostern** das Fest der Auferstehung Jesu. Am Ende und Höhepunkt der Heiligen Woche denken die Christen daran, dass der Gekreuzigte lebt und seinen Freundinnen und Freunden erschienen ist. Jesus ist nicht im Tod geblieben. Gott hat ihn auferweckt. Christen dürfen darauf hoffen, dass auch ihnen im Tod neues Leben bei Gott geschenkt wird. Sinnbild für alles Lebendige und die Entstehung neuen Lebens ist seit Urzeiten das Ei. Zu Ostern wird es gefärbt und kunstvoll bemalt.
50 Tage nach Ostern feiern die Christen **Pfingsten**. Zum Ende des Osterfestkreises erinnert das Fest an die Ausgießung des Heiligen Geistes, von der im 2. Kapitel der Apostelgeschichte berichtet wird. Jesus lässt seine Jünger nicht allein. Er schickt den Frauen und Männern, die mit ihm zusammen waren, den Heiligen Geist als Beistand und Kraftquelle. Mit Entschlossenheit und Überzeugungskraft verkünden die Jünger daraufhin die Frohbotschaft vom liebenden und barmherzigen Gott. Menschen verschiedenster Herkunft kommen miteinander ins Gespräch und verstehen einander. Die Gemeinschaft der Kirche entsteht.
Wie nach dem Weihnachtsfestkreis beginnt nach Pfingsten wieder der Jahresfestkreis. In der Zeit während des Jahres erinnern sich die Christen an das, was Jesus bis zu seinem Tod getan und gesagt hat. Dabei hat der Sonntag eine besondere Bedeutung. Es ist der Tag des Herrn, jeder Sonntag ist ein kleines Osterfest.
Weitere Information zum Kirchenjahr findet ihr z.B. unter www.kath.de/kirchenjahr.
Vgl. Abb. 150 und 151.

Kneipp, Sebastian (1821-1897)

Sebastian Kneipp wurde am 17. Mai 1821 in Stephansried bei Ottobeuren geboren. Er wuchs in sehr ärmlichen Verhältnissen auf. Ein entfernter Verwandter ermöglichte es ihm nach dem Abitur, Theologie zu studieren. 1852 wurde er in Augsburg zum Priester geweiht. Nach einer Tätigkeit als Kaplan in Biberach und in Augsburg berief ihn der Bischof als Beichtvater im Dominikanerinnenkloster nach Wörishofen. Neben der geistlichen Tätigkeit sah Sebastian Kneipp einen wesentlichen Auftrag darin, Kranken zu helfen und Gesunde vor Krankheiten zu schützen. In Wörishofen wirkte er 42 Jahre als engagierter Seelsorger und beschäftigte sich auch mit der Heilkraft des Wassers. Das machte ihn und Wörishofen als weltbekanntes Heilbad berühmt. So wurde sein Ruf als Wasserarzt immer größer, obwohl er nie ärztliches Fachwissen für sich beanspruchte. Pfarrer Kneipp erforschte auch die Wirkung der

Pflanzen und das Zusammenspiel von Nahrung und Bewegung beim Menschen. Am 17. Juni 1897 starb Kneipp im Alter von 76 Jahren. Vgl. Abb. links.

Konfession = Bekenntnis

„Konfession" meint ein Bekenntnis und bezeichnet damit sowohl Zugehörigkeit zu einer Gruppe als auch Abgrenzung von anderen. Die ersten Christen formulierten Glaubensbekenntnisse, die sie miteinander verbanden und von anderen Religionen unterschieden. Auch die Reformatoren arbeiteten Bekenntnisse aus, in denen sie ihre neue Lehre darlegten. Berühmt ist die *confessio augustana*, die für den Augsburger Reichstag im Jahre 1530 geschrieben wurde. Wenn du nach deinem Bekenntnis gefragt wirst und mit „katholisch" antwortest, bekennst du deine Zugehörigkeit zur römisch-katholischen Kirche und ihrem Glauben.

Konziliarer Prozess

Der konziliare oder → ökumenische Prozess für Gerechtigkeit, Frieden und Bewahrung der Schöpfung ist eine ökumenische Initiative von Christen. Sie will Antwort geben auf die größten Herausforderungen der Menschheit, und sie fördert eine aktive Zusammenarbeit von Christen auf allen Ebenen – global, regional und lokal – in Anbetracht der Überlebenskrisen der Menschheit. Auf der globalen ökumenischen Weltversammlung 1990 in Seoul (Südkorea) wurden die wichtigsten Ergebnisse der Weltversammlung für Gerechtigkeit, Frieden und Bewahrung der Schöpfung – in Entsprechung zu

Information über aktuelle Aktivitäten im → „Konziliaren Prozess für Gerechtigkeit, Frieden und Bewahrung der Schöpfung" sind zu finden unter www.oikoumene.net.

den Zehn Geboten – als „Zehn Grundüberzeugungen" christlicher Kirchen verabschiedet. Sie fassen zusammen, was Christen heute gemeinsam zu sozialethischen Fragen sagen können. Zu den Grundüberzeugungen gehört,

- dass alle Ausübung von Macht vor Gott verantwortet werden muss;
- dass Gott auf der Seite der Armen steht;
- dass die Menschen jeder Rasse, Kaste und ethnischen Gruppe gleichwertig sind;
- dass die Gottebenbildlichkeit der Menschen jegliche Gewalt gegenüber Frauen verbietet;
- dass der Zugang zur Wahrheit und zu Bildung, Information und Kommunikationsmitteln ein menschliches Grundrecht ist und den an den Rand Gedrängten ermöglicht werden muss, lernen zu können;
- dass alle Möglichkeiten auszuschöpfen sind, um Gerechtigkeit und Frieden zu schaffen und Konflikte durch aktive Gewaltfreiheit zu lösen;
- dass die Welt als Gottes Werk und dass Land, Wasser, Luft, Wälder, Berge und alle Geschöpfe, einschließlich der Menschen, in Gottes Augen ‚gut' und zu bewahren sind;
- dass das Land Gott gehört und der Mensch Boden und Gewässer so nutzen soll, dass die Tiere und andere Lebewesen und die Menschen den Raum zum Leben haben, den sie brauchen;
- dass Kinder Anspruch auf Würde und Zuwendung haben und junge Menschen ihre Kreativität und Opferbereitschaft in den Aufbau einer neuen Gesellschaft einbringen können;
- dass die Menschenrechte von Gott gegeben sind, neben den individuellen Rechten auch die kollektiven sozialen, wirtschaftlichen und kulturellen Rechte der Menschen.

Vgl. Abb. oben.

Krankensalbung

Die Krankensalbung ist eines der sieben → Sakramente der katholischen Kirche. Sie wird gespendet, wenn Kranke durch ihren gesundheitlichen Zustand längere Zeit nicht am gemeinschaftlichen Leben und kirchlichen Feiern teilnehmen können. In der besonderen Not der Krankheit wird die Krankensalbung in der Gemeinschaft eines Gottesdienstes oder am Krankenbett gespendet. Der Priester salbt den Kranken oder die Kranke auf der Stirn und auf den Händen, betet mit ihm oder ihr und den Anwesenden und spendet, wenn es gewünscht wird, die Kommunion. In diesem Sakrament zeigt sich Christus als der Heiland, der den

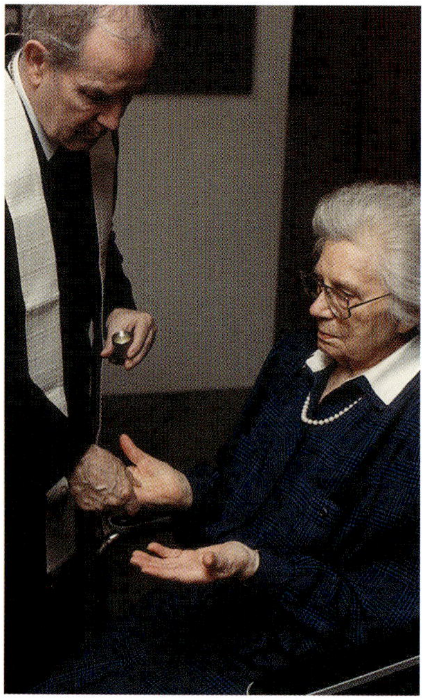

Die Salbung der Hände bei der → Krankensalbung bedeutet eine Stärkung in Krankheit oder in einer Lebenskrise.

Glaubenden in Schmerzen und Lebensgefahr nahe ist.
Vgl. Abb. oben.

Mandorla

Die Mandorla ist ein mandelförmiger Lichtschein, in dessen Mitte Christus als Majestät oder Maria dargestellt ist. Sie wurde v.a. in der mittelalterlichen Malerei verwendet. Die Mandel ist Sinnbild für das im Äußerlichen verborgene wesentliche Innere. Sie birgt das Geheimnis der inneren Erleuchtung, das Mysterium des göttlichen Lichtes und die Gegenwart Gottes. Für die Christen im Mittelalter symbolisierte die Mandel die Jungfräulichkeit Marias. Für die Israeliten war der Mandelbaum das Symbol des neuen Lebens.
Vgl. Abb. rechts.

Menschenbild, biblisch-christliches

Der Begriff „Menschenbild" bezeichnet die Vorstellung vom Wesen der Menschen bzw. das Selbstverständnis der Menschen, das auf einem bestimmten religiösen oder weltanschaulichen Hintergrund basiert (z.B. buddhistisches, islamisches, marxistisches, psychoanalytisches, existenzialistisches Menschenbild). Es versucht Antwort zu geben auf Fragen wie: Was ist der Mensch? Was ist der Sinn des menschlichen Lebens? Unterscheidet sich der Mensch von anderen Lebewesen, vom Tier?
Das Menschenbild beeinflusst wesentliche Entscheidungen und Haltungen in Politik, Gesellschaft, Ethik, z.B.: Welche Werte und Normen vertritt die Gesellschaft? Welche Erziehungsziele werden vorgegeben? Was darf die Wissenschaft und wo sind ihre Grenzen? Wo beginnt, wo endet der Schutz menschlichen Lebens, menschlicher Würde (Embryonenschutz, Sterbehilfe, Gentechnik etc.).

Christus in der → Mandorla: der mandelförmige Raum um Christus ist seit dem 5. Jh. Ausdruck für die göttliche Sphäre (vgl. 67 *und* 147*).*
Fresko in der alten Pfarrkirche Unsere Liebe Frau in Gries, Bozen/Südtirol

Das christliche → Menschenbild geht von der unaufhebbaren Würde jedes Menschen aus, unabhängig von Leistung und Vermögen, weil die Menschen als Ebenbilder Gottes verstanden werden.

Im Christentum wird der Mensch als Geschöpf und Ebenbild Gottes angesehen (vgl. Gen 1,26f.). Aus dem Ja Gottes zum Menschen leiten sich folgende Merkmale des christlichen Menschenbildes ab:

- Der Mensch besitzt eine grundsätzliche, unaufhebbare und von anderen Faktoren unabhängige Würde.
- Der Mensch ist Einzelwesen (Individuum) und Subjekt, nicht Objekt, d.h. er darf nicht als Mittel zu irgendeinem Zweck missbraucht werden.
- Der Mensch besitzt einen freien Willen und ist fähig zu zielorientiertem, verantwortlichen Handeln. Damit ist er aber auch schuldfähig.
- Der Mensch ist zur Solidarität mit den Mitgeschöpfen und der ganzen Schöpfung verpflichtet.
- Der Mensch ist fähig, über die sinnlich erfahrbare Welt hinauszudenken; er ist offen für eine Beziehung zu Gott und kann diese als Ziel seines Lebens erkennen.

Das christliche Menschenbild findet größtenteils Verwirklichung in der „Allgemeinen Erklärung der → Menschenrechte“ der „Vereinten Nationen“. Die Idee der vorstaatlichen, von der Natur gegebenen Rechte jedes Menschen lässt sich u.a. auf die Gottebenbildlichkeit der Menschen zurückführen. Christen sind aufgefordert, die Wesensmerkmale und die damit verbundenen Rechte und Pflichten der Menschen im persönlichen, aber auch im weltpolitischen Bereich zu achten und zu vertreten. Vgl. Abb. auf dieser Seite.

Menschenrechte

Am 10. Dezember 1948 haben die „Vereinten Nationen" für alle Menschen (gleich welcher Hautfarbe, Religion, welchen Geschlechts oder Alters) Gesetze formuliert, die für alle gelten sollen. Dazu gehören: das Recht auf ein Leben in Freiheit und Sicherheit, die Gleichheit vor dem Gesetz, die Freiheit der Religionsausübung, das Recht auf Eigentum, auf ausreichenden Lebensunterhalt und auf Bildung.
Viele Völker verpflichten sich, diese Rechte in ihren Ländern einzuhalten. Vgl. Abb. rechts.

Nirwana

Nirwana ist die zentrale hinduistische und buddhistische Vorstellung und Lehre vom Heilsziel, das jeder Hinduist und Buddhist verwirklichen möchte. Wörtlich bedeutet Nirwana „verlöschen“ oder „verwehen“. Gemeint ist damit die Befreiung von allen negativen Gegebenheiten des Daseins. Leid und Enttäuschungen des Lebens verlöschen. Es gibt keinen Hass, keine Unwissenheit und keine Gier. Geburt und Tod finden ein Ende. Zugleich ist Nirwana das Ende aller → Wiedergeburten und der Ausstieg aus dem Kreislauf des Wiedergeboren-werden-Müssens. Buddha selbst sprach vom Nirwana als Ziel, beschrieb es aber nicht als einen bestimmten Ort oder Zustand.

Die „Straße der → Menschenrechte“ ist die Skulptur des israelischen Künstlers Dani Karavan in Nürnberg, der Stadt der Reichsparteitage während des Nationalsozialismus und der Nürnberger Rassegesetze.
Die Skulptur besteht aus 27 Säulen, zwei Bodenplatten und einer Eiche (hinter dem Tor), die für die 30 Artikel der „Allgemeinen Erklärung der Menschenrechte“ (1948) stehen. In jedes der Elemente ist der Wortlaut eines Artikels in deutscher und je einer anderen Sprache eingemeißelt. Der Baum steht für die Gefährdung der Natur.

Ökumene

Wörtlich bedeutet Ökumene „die bewohnte Erde“. Eine ökumenische Frage betrifft die ganze Erde (z.B.: Wie schützen wir unsere Umwelt?). Im Bereich der Religion meint Ökumene die Zusammenarbeit aller Religionen, z.B. wenn es um Frieden und Gerechtigkeit in der Welt geht. Die meisten verstehen unter Ökumene die Verständigung zwischen den christlichen Glaubensgemeinschaften. Gottesdienste, die von evangelischen und katholischen ChristInnen zusammen gefeiert werden, und Aufgaben, die von Christen unterschiedlicher Konfessionen gemeinsam angepackt werden müssen, werden ökumenisch genannt. Vgl. Abb. links.

Jeweils am ersten Freitag im März feiern christliche Frauen in über 170 Ländern den → ökumenischen Gottesdienst zum Weltgebetstag. Die Liturgie verfassen jeweils Frauen eines Landes für die ganze Welt. Die intensive Vorbereitung in den eigenen Pfarrgemeinden, die kreative Gottesdienstgestaltung und das gemeinsame Gebet stärken die weltweite Solidarität. Motiv des Weltgebetstags 2009 aus Papua Neuguinea

Pfarrgemeinde

Schon im Althochdeutschen bezeichnet *pfarra* oder *pfarre* das Gebiet, für das ein Priester im Auftrag des Bischofs zuständig ist. Daher nennt man einen Priester als Gemeindeleiter auch „Pfarrer“. Gemeinsam mit vielen anderen haupt- und ehrenamtlichen MitarbeiterInnen gestaltet er das Gemeindeleben.
Es ist die Aufgabe der MitarbeiterInnen in der Pfarrgemeinde, zusammen mit den Gemeindemitgliedern den Glauben zu erfahren und zu bezeugen. Dies geschieht in den vier Grundvollzügen christlichen Lebens. Darunter versteht man das Mit-Suchen und Mit-Deuten des Willens Gottes, den man bezeugt *(martyria)*, die Erfahrung und das aktive Gestalten von Gemeinschaft *(koinonia)*, das gemeinsame Feiern des Glaubens *(leiturgia)* und den Dienst am Mitmenschen *(diakonia)*.
Hauptamtliche MitarbeiterInnen in der Gemeinde sind:

Der Priester
Zu den Aufgaben eines Priesters gehört es, die → Sakramente zu spenden, v.a. mit der Gemeinde die Eucharistie zu feiern und diese zu leiten, und das Evangelium zu verkünden. Außerdem koordiniert er die Arbeit der haupt- und nebenamtlichen MitarbeiterInnen in der Pfarrgemeinde. Nach der vorausgehenden Diakonatsweihe wird er in einem feierlichen Gottesdienst vom Bischof durch Handauflegung, Gebet und Salbung zum Priester geweiht. Nach dieser Weihe ist ein Priester zunächst als Kaplan, später als Pfarrer in einer Pfarrgemeinde oder Seelsorgeeinheit tätig.

Der Diakon
Das Wort kommt aus dem Griechischen und bedeutet „Diener“. Der Diakon ist ein geweihter Mitarbeiter in der Pfarrgemeinde. Zu seinen wichtigsten Aufgaben gehört es, Menschen in Not beizustehen. Im feierlichen Sonntagsgottesdienst liest er das Evangelium. Er darf auch die Taufe spenden und bei der Feier der Trauung/Hochzeit und beim Begräbnis den Priester vertreten.

Der oder die Pastoralreferent/in
PastoralreferentInnen sind hauptamtliche MitarbeiterInnen in der Pfarrgemeinde, die fast die gleiche Ausbildung wie ein Priester haben, aber nicht geweiht sind. Sie übernehmen auch Aufgaben, die über den Bereich der Gemeinde hinausgehen, arbeiten aber hauptsächlich in der Pfarrgemeinde und erteilen Religionsunterricht.

Der oder die Gemeindereferent/in
GemeindereferentInnen sind hauptamtliche MitarbeiterInnen in der Pfarrgemeinde und übernehmen eigene Aufgabengebiete, z.B. Jugendarbeit, und erteilen Religionsunterricht.

Ehrenamtliche MitarbeiterInnen
arbeiten aus Idealismus, ohne Geld zu bekommen, in der Gemeinde mit. Es sind dies z.B. LektorInnen, KommunionhelferInnen und MinistrantInnen, in vielen Gemeinden auch der/die

Organist/in und der/die MesnerIn oder KüsterIn.

Reinkarnation

Dieser aus dem Lateinischen stammende Begriff bedeutet Wiederverkörperung (→ Wiedergeburt).

Requiem

Das Wort „Requiem" kommt aus dem Lateinischen und geht auf das Gebet für Verstorbene zurück: *Requiem aeternam dona eis Domine*, d.h. „Herr, gib ihnen die ewige Ruhe". Als Requiem wird heute die Messe für eine/n Verstorbene/n bezeichnet oder die Komposition für eine Totenmesse (z.B. Requiem von Mozart). Beim Requiem für Verstorbene und bei der Tauffeier entzündet man in den christlichen Gemeinden die Osterkerze. Bereits in der frühen Christenheit gab es Kerzen beim Gottesdienst, auf Friedhöfen, beim Begräbnis, beim besonderen Gottesdienst des Lichtanzündens *(lucernarium)* und beim Gesang des Exsultet in der Osternacht. In der Osternacht werden alle Kerzen der Gottesdienst-Mitfeiernden an der Osterkerze entzündet, deren Licht auf die Auferstehung hinweist. Jedes Jahr entzünden die Pfarrgemeinden eine neue Osterkerze, die geschmückt ist mit Bildern und Symbolen des neuen Lebens und den Zeichen für die Wundmale Jesu, der den Tod überwunden hat. So ist sie Zeichen für das neue Leben, auf das Christen hoffen. Vgl. Abb. oben und rechts.

Romero, Oscar (1917-1980)

Oscar Romero war von 1977 bis 1980 Erzbischof in El Salvador,

Hoffnung auf Auferstehung: Diese Grabplatte hat die Künstlerin Hilde Broer, Kressbronn/ Bodensee mit dem Auferstandenen auf dem mathematischen Zeichen für „Unendlich" gestaltet (→ Requiem).

einem Land in Mittelamerika, in dem viele Menschen in großer Armut leben. Gerade diese Menschen waren ihm wichtig. Er versuchte ihnen Mut zu machen und forderte Gerechtigkeit für sie. Er verlangte von den Reichen und Mächtigen, dass sie etwas von ihrem Besitz an die Armen abgeben. Unrecht prangerte er an, z.B. wenn eine Familie aus ihrem Haus vertrieben wurde. So bekam er immer mehr Feinde. Am 24. März 1980 wurde er von einem bezahlten Mörder mitten im Gottesdienst erschossen. Oscar Romero wusste, dass es für ihn gefährlich würde, wenn er sich ganz auf die Seite der Armen stellt.

Sakramente

Sakramente (lat. Eid, Geheimnis, Gnadenwirkung) sind heilige Zeichen der Gegenwart und der Liebe Gottes im Leben eines Christen, einer Christin. Sie

Die Osterkerze trägt die Symbole des neuen Lebens: die griechischen Buchstaben Alpha und Omega, d.h. Anfang und Ende, fünf rote Kreuze für die Wundmale Jesu, den Lebensbaum für neues Leben, das Licht (→ Requiem).

werden häufig innerhalb von Gottesdiensten gefeiert und empfangen. Durch das äußere Zeichen (z.B. Übergießen mit Wasser, Handauflegung, Salbung) und die entsprechenden Worte wird die Zuwendung (Gnade) Gottes für die Menschen sichtbar und unzerstörbar.
Der Spender eines Sakraments ist ein Diakon, ein Priester oder ein Bischof, das Sakrament der Ehe spenden sich die Eheleute selbst. Die sieben Sakramente der katholischen Kirche (Taufe, Firmung, Eucharistie, Beichte oder Versöhnung, → Krankensalbung, Weihe und Ehe) werden an Knotenpunkten des Lebens gespendet.

Sant'Egidio, Gemeinschaft Sant'Egidio

Die Gemeinschaft Sant'Egidio entstand im Jahr 1968 in Rom, in den Jahren nach dem Zweiten Vatikanischen Konzil. Sie ist durch eine Initiative von Jugendlichen entstanden, die damals unter zwanzig Jahre alt waren. Andrea Riccardi, selbst noch Schüler, begann eine Gruppe von Schülern zu versammeln, um auf das Evangelium zu hören und es ins Leben umzusetzen. Die Urgemeinde aus der Apostelgeschichte und Franziskus von Assisi waren dabei die Vorbilder. Heute ist die Gemeinschaft Sant'Egidio eine Laienbewegung, zu der mehr als 50 000 Personen gehören. Sie setzt sich in Rom, in Italien und in mehr als 70 Ländern der Welt für das Gebet, die Weitergabe des Evangeliums und den selbstlosen Dienst an den Armen ein.
Die Gemeinschaft stellt sich auch in den Dienst des ökumenischen

Die Gemeinschaft → Sant'Egidio führt u.a. regelmäßig Internationale Friedensgebetstreffen durch.

und interreligiösen Dialogs. Sie fördert die → Ökumene der Christen untereinander und den Dialog mit allen Weltreligionen im Sinne des Zweiten Vatikanischen Konzils als Weg des Friedens und der Zusammenarbeit und als Methode für die Versöhnung in Konfliktfällen. Seit 1987 setzt sich Sant'Egidio auch auf internationaler Ebene ein und führt bei Treffen, Tagungen und im Gebet den sog. „Geist von Assisi" fort, den Papst Johannes Paul II. beim → Weltfriedenstreffen in Assisi/ Italien begonnen hat. Aktuelle Information ist zu finden unter www.santegidio.org.
Vgl. Abb. oben.

Schöpfungsethik

Unter Schöpfungsethik verstehen wir heute die in der Bibel in Gen 1 zusammengefassten Weisungen des Gottes Israels für die Einstellung zu und den Umgang mit sich selbst als Geschöpf, mit den Mitgeschöpfen und der ganzen Schöpfung. Dazu gehören im Einzelnen:

- die Achtung der Würde jedes einzelnen Menschen als Ebenbild Gottes (→ Menschenbild),
- das Wissen um die Zusammengehörigkeit und das Angewiesensein aller Lebewesen aufeinander und mit der Erde als dem einmaligen Lebensraum,
- der Auftrag zur Mitschöpfung der natürlichen, kulturellen, gesellschaftlichen und religiösen Welt,
- der Auftrag zur Zeugung und Erziehung von Kindern,
- das ökologische Denken und Verhalten als Ausdruck der bejahenden Beziehung zum Schöpfer und der Mitverantwortung in dieser Welt.

Schutz, Roger (1915-2005)

Der Schweizer Pfarrerssohn und evangelische Theologe Frère (französisch = Bruder) Roger war Gründer der ökumenischen Bruderschaft von → Taizé. Zeit seines Lebens hat er sich für die → Ökumene engagiert. Papst → Johannes XXIII. lud Frère Roger als Beobachter zum Zweiten Vatikanischen Konzil ein, Papst Paul VI. pflegte regelmäßig Kontakt zu ihm, Papst Johannes Paul II. besuchte 1986 die Gemeinschaft, der damalige Kardinal Joseph Ratzinger, der heutige Papst Benedikt XVI., reichte ihm öffentlich die Kommunion bei der Beerdigungsmesse für Papst Johannes Paul II. 2005 kam Frère Roger 90-jährig beim Abendgebet durch ein Attentat ums Leben. Sein Nachfolger als Prior in Taizé ist der deutsche, katholische Frère Alois.

→ *Shiva wird oft als tanzende Gottheit dargestellt.*

Shiva

Shiva (der Gütige) ist eine der wichtigsten Darstellungen des Göttlichen im Hinduismus. Als einer der drei Aspekte des Göttlichen (neben Brahma, dem Schöpfer, und Vishnu, dem Bewahrer), verkörpert Shiva das Prinzip der Zerstörung.
Außerhalb der Dreiheit verkörpert er aber alles: Schöpfung und Neubeginn ebenso wie Erhaltung und Zerstörung. Shiva wird oft als tanzende Gottheit dargestellt. Wenn Shivas Tanz aufhört, so sagen manche, dann geht die Welt unter, aber Shivas Tanz wird nie aufhören, also wird die Welt nie untergehen. Vgl. Abb. oben.

Sila

Sila bezeichnet das rechte Verhalten und Handeln bzw. die ethische Einstellung eines Buddhisten. Hauptziel ist dabei die liebevolle Hinwendung und das Mitgefühl zu allen Lebewesen (→ Achtsamkeit).
Der Buddhist soll vor allem fünf Grundregeln beachten: kein Lebewesen durch Worte oder Taten verletzen; nichts nehmen, was einem nicht gegeben wurde; verantwortlich mit seiner Sexualität umgehen; freundliche Rede üben und unnützes oder böswilliges Gerede vermeiden; auf Rauschmittel verzichten.
Der Grund für dieses Handeln liegt zum einen im Verhindern eines schlechten, unheilsamen → Karmas. Zum anderen sollen sich heilsames Denken, gütiges Sprechen und positives Handeln verfestigen und zur Selbstverständlichkeit im Alltag werden. Zudem stehen für viele Buddhisten die Erlösung der anderen und das hilfreiche Handeln für alle Lebewesen noch vor der eigenen Erlösung.

Dorothee → Sölle war überzeugt davon, dass Glaube und Aktion zusammengehören.

Sölle, Dorothee (1929-2003)

Dorothee Sölle war evangelische Theologin, Schriftstellerin und Pazifistin in der kirchlichen Friedensbewegung. Von 1975-1987 lehrte sie als Professorin für systematische Theologie in New York. Sie vertrat eine Politische Theologie und trat vor dem Hintergrund des Vietnamkriegs und der Wiederaufrüstung in Deutschland aktiv für Frieden und soziale Gerechtigkeit ein. Mit Heinrich Böll, Fulbert Steffensky und anderen begründete sie das sog. Politische Nachtgebet (1968-1972) in Köln: Zu der ökumenischen Liturgie kamen bis zu tausend Menschen, um politische Ereignisse im Licht der Bibel zu reflektieren und gemeinsamen Protest zu organisieren. Dorothee Sölle war davon überzeugt, dass Information, Meditation und Aktion zusammengehören, dass theologisches Nachdenken immer politische Konsequenzen haben muss. Viele bezeichnen sie daher als „Rebellin und Mystikerin".
Vgl. Abb. oben.

Sozialenzyklika

Das griechische Wort „Enzyklika" bedeutet „Rundschreiben". So heißen öffentliche Briefe, mit denen sich der Papst an die Weltkirche wendet und in denen er wichtige Themen des Glaubens und der Moral aus der Sicht der Katholischen Kirche darlegt. „Sozial" bedeutet „gemeinsam" im Hinblick auf das Zusammenleben der Menschen in größeren Gemeinschaften, z.B. im Staat. Von „sozialer Frage" spricht man, wenn es im Zusammenleben der Menschen Probleme gibt, z.B. wenn Menschen für ihre Arbeit keinen oder keinen gerechten Lohn erhalten und dadurch die Kluft zwischen Reichen und Armen immer größer wird. →

Die soziale Frage stellte sich in Europa im 19. Jh. in einem ungeahnten Ausmaß. Durch die Erfindung der Dampfmaschine verloren plötzlich viele ihre handwerkliche Arbeit, weil die Maschinen die Güter schneller und billiger produzierten. Viele Tausende Menschen strömten in die Städte, um als Fabrikarbeiter ihr Geld zu verdienen. Dort waren sie der Willkür der Fabrikherren rechtlos ausgeliefert. Mit Hungerlöhnen abgespeist, fristeten sie mit ihren Familien ein oft menschenunwürdiges Dasein in schlechten Behausungen. Wenn sie krank oder arbeitsunfähig wurden, konnte der Arbeitgeber sie sofort entlassen. Es gab weder Rente noch Arbeitslosenunterstützung. Laien, Priester und Bischöfe prangerten dieses Unrecht in der Öffentlichkeit an. 1891 veröffentlichte Papst Leo XIII. die Enzyklika *Rerum novarum* (lat. der Geist der Neuerung), in der er gerechten Lohn für die Arbeiter forderte sowie das Recht auf Eigentum für alle. Er forderte auch, dass Arbeiter sich zu Vereinigungen (Gewerkschaften) zusammenzuschließen dürfen, um ihre Rechte besser durchsetzen zu können. Diese erste Sozialenzyklika fand große Beachtung in der Welt. Zum hundertsten Jahresstag dieses bedeutenden Schreibens verkündigte Papst Johannes Paul II. 1991 die Enzyklika *Centesimus annus* (lat. im hundertsten Jahr).
Bis heute haben Päpste immer wieder Sozialenzykliken zu neuen sozialen Fragen verfasst und damit die Sozialgesetzgebung der Staaten maßgeblich beeinflusst.

Soziallehre, katholische
Die katholische Soziallehre hat sich im 19. Jh. in Abgrenzung von Liberalismus und Sozialismus entwickelt und vertritt die Leitprinzipien der Solidarität (= Einstehen für andere), der Subsidiarität (= Hilfe zur Selbsthilfe, Eigenverantwortung), der Personalität (= Individualität und Würde) und des Gemeinwohls (= personales Wohl vieler Einzelpersonen). In neuerer Zeit trat das Prinzip der Nachhaltigkeit hinzu. Die Grundlage dafür bietet das christliche → Menschenbild, das die Menschen als Einzel- und Gemeinschaftswesen gleichermaßen sieht.

Spiritualität
Spiritualität (lat. *spiritus* = Geist, Hauch) bedeutet im weitesten Sinne Geistigkeit. Sie kann eine Haltung meinen, die im spezifisch religiösen Sinn auf Geistliches ausgerichtet ist. Demnach ist Spiritualität eine vom Glauben getragene geistige Orientierung und Lebensform. Wesentlich ist das Motiv des Weges, der suchende Menschen in das Auflösen von Dualität in Einheit und in das Auflösen von Wissen im Sein führt. Die Bedeutungsinhalte der Spiritualität sind vom weltanschaulich-religiösen Kontext abhängig; sie beziehen sich auf eine immaterielle, nicht sinnlich fassbare Wirklichkeit (Gott, Wesenheiten, Kräfte), welche dennoch erfahrbar oder erahnbar ist (Erwachen, Einsicht, Erkennen). „Spiritualität" ist den Begriffen „Frömmigkeit" und „Religiosität" verwandt. Sie alle bezeichnen die intensive religiöse Verarbeitung der ganzen Wirklichkeit. Als spirituell werden heute häufig auch „übersinnliche" Erfahrungen bezeichnet, die als Kontakt zu Geistern oder unerklärlichen Kräften verstanden werden. Somit wird die spirituelle Lebenshaltung zunehmend mit Bereichen neuer Religiosität und Esoterik verbunden und damit auch zu einer Form selbstbezogener Frömmigkeit.

Sterbehilfe, passive, indirekte und aktive
Unter *passiver Sterbehilfe* versteht man den Verzicht auf künstliche, lebensverlängernde Maßnahmen oder den Abbruch einer Behandlung, wenn der angestrebte Heilerfolg nicht mehr erreicht werden kann.
Unter *indirekter Sterbehilfe* versteht man, wenn Medikamente, z.B. Morphium, zur Schmerzlinderung, eingesetzt werden, die gleichzeitig das Leben verkürzen können.
Unter *aktiver Sterbehilfe* versteht man eine aktive Herbeiführung des Todes oder eine gewollte Beschleunigung des Sterbevorgangs, wie sie z.B. durch die Injektion eines todbringenden Mittels erfolgen kann. Aktive Sterbehilfe ist in Deutschland verboten und wird strafrechtlich geahndet. In anderen europäischen Ländern wird aktive Sterbehilfe z.T. anders bewertet. Unter Medizinern, Moraltheologen und Philosophen besteht heute weithin Einverständnis darüber, dass die Grundnorm ärztlichen Handelns nicht in einer Verlängerung des Lebens um jeden Preis bestehen kann. Die oberste Verpflichtung, dem Leben zu dienen, bedeutet nicht, dass der Arzt dem kranken Menschen die

letzten biologischen Reserven abringen, seine Lebensspanne um jeden Preis verlängern und den sicheren Eintritt des Todes so weit als möglich hinausschieben muss. Der Sinn des ärztlichen Heilauftrags ist es, dem Kranken in seiner letzten Lebensphase ein erträgliches Leben zu bereiten und Schmerzen zu lindern. Ein Sterbender, der seinen Tod vor Augen hat und dabei weiß, dass ihm der Ehepartner, seine Familie oder Freunde zur Seite stehen, wird für jeden Tag der gemeinsamen Lebenszeit dankbar sein, während ein anderer Patient mit vergleichbarem Krankheitsbild, aber ohne die Hilfe einer tragenden menschlichen Beziehung, die künstliche Verlängerung seines Lebens vielleicht als aufgezwungene Verlängerung eines bloßen Leidens empfindet.

Sterbephasen

„Interviews mit Sterbenden" heißt der Titel eines berühmten Buches. Die amerikanische Medizinerin, Psychiaterin und Sterbeforscherin Elisabeth Kübler-Ross (1926 in Zürich/Schweiz geboren, 2004 in Scottsdale, Arizona/USA gestorben) befasste sich mit dem Tod und dem Umgang mit Sterbenden, mit Trauer und Trauerarbeit und gilt als Begründerin der Sterbeforschung. Sie hat beim Sterben von Menschen ein Grundmuster entdeckt, das die psychischen Vorgänge im Zusammenhang mit dem nahenden Tod in fünf Phasen unterteilt:

1. Nicht-wahrhaben-Wollen und Selbstisolierung *(denial)*,
2. Wut und Zorn *(anger;* „Warum gerade ich?"),
3. Verhandeln *(bargaining;* „Wenn ich das überlebe, ändere ich mein Leben!"),
4. Depression *(depression)*,
5. Zustimmung *(acceptance)*.

Jeder Mensch stirbt seinen eigenen Tod, daher können sich die Phasen individuell über einen längeren oder kürzeren Zeitraum entwickeln, einzelne Phasen können übersprungen oder wiederholt durchlebt werden. Dennoch kann das Phasenmodell eine psychologische Hilfe für die Sterbenden selbst und die Pflegenden sein.
Auch die Angehörigen durchlaufen diese Phasen, man spricht dann von Phasen der Trauerarbeit während des und/oder nach dem Sterben eines Mitmenschen.
Das Grundgefühl in allen Phasen ist Angst und Panik, ausgelöst durch die Wahrnehmung des unaufhaltsamen Endes. Aber in allen Phasen, bis auf die letzten, schwingt die Hoffnung mit, es könnte doch noch ein Wunder geschehen.

Taizé

Die Gemeinschaft von Taizé ist ein ökumenischer Männerorden in Taizé/Frankreich. Sie wurde 1940 von Roger → Schutz gegründet und war zunächst ein Haus für Kriegsflüchtlinge. Später und bis heute ist sie eine Anlaufstelle für Gläubige – v.a. Jugendliche –, die sich mit biblischen und spirituellen Themen auseinandersetzen wollen. Besonders bekannt ist Taizé für seine europäischen und internationalen Jugendtreffen, zu denen jährlich ca. 200 000 Besucher unterschiedlicher Konfessionen und Nationalitäten reisen, um im christlichen Glauben einen Sinn für das eigene Leben zu finden.

Die von Mutter → Teresa gegründeten „Missionarinnen der Nächstenliebe" arbeiten heute in 134 Ländern. In Deutschland bietet der Orden in sieben Städten Suppenküchen und Nachtlager an, u.a. in Mannheim.

Ein Aufenthalt in Taizé ist geprägt durch gemeinsame Gebete, Bibeleinführungen, Gespräche und feste Essenszeiten.
Bekannt ist die „Communauté de Taizé" auch für ihre charakteristischen Gesänge, die mit einfacher Melodieführung, lateinischen Bibeltexten und vielfachen Wiederholungen oder als Kanon gesungen werden.
Der „Brief aus Taizé" mit Gedanken zu Fragen des Glaubens erscheint vierteljährlich und kann in 13 Sprachen abonniert werden. Er unterstützt Jugendliche, die in ihren Ortsgemeinden den „Pilgerweg des Vertrauens auf der Erde" mitgestalten wollen, indem sie die Bergpredigt in ihrem Alltag umsetzen.

Teresa, Mutter (1910-1997)

Mutter Teresa wurde am 27. August 1910 unter dem Namen Agnes Bohaxhiu in Skopje

Ein → Wegkreuz in Warmtal

(Mazedonien) geboren. Als sie 18 Jahre alt war, trat sie in ein Kloster in Irland ein und bekam den Namen „Teresa“. Schon als junge Schwester kam sie nach Kalkutta in Indien und unterrichtete an einer Schule, in der Mädchen aus reichen Familien ausgebildet wurden. Als sie bei einer Fahrt in die Ferien die Not der Menschen in den Straßen Kalkuttas sah, ließ ihr das keine Ruhe mehr. Teresa bat darum, ihr Kloster verlassen zu dürfen, um mit den armen Menschen zu leben und ihnen zu helfen. Immer mehr junge Frauen schlossen sich Teresa an, die für viele Menschen zur Mutter geworden war. Diese Schwesterngemeinschaft heißt „Missionarinnen der Nächstenliebe“. Man erkennt sie an dem weiß-blauen Gewand, dem Sari, den sie tragen. Die Missionarinnen der Nächstenliebe betreuen Obdachlose, Alkoholkranke, Leprakranke, ausgesetzte und verstoßene Kinder in Indien und vielen anderen Ländern. 1979 wurde Mutter Teresa für ihr Engagement für die Ärmsten der Armen der Friedensnobelpreis verliehen. Sie starb 1997 in Kalkutta. 2003 wurde sie seliggesprochen. Vgl. Abb. 161 .

Wegkreuz

Wegkreuze oder Feldkreuze sind Flurkreuze, die in den letzten Jahrhunderten an einer Wegkreuzung, an einem Feldrand oder im Wald aufgestellt wurden. Oft findet man sie auch an den Zufahrten von Bauernhöfen. Ein Wegkreuz besteht aus Holz, Stein oder aus einem Steinsockel mit Metallkreuz. Es trägt als Inschrift meist ein kurzes Gebet, den Namen des Stifters und die Jahreszahl der Aufstellung. Anstelle von Kreuzen gibt es häufig auch Bildstöcke (Betsäulen aus Stein). Wegkreuze wurden meist in ländlichen, katholischen Gebieten als Zeichen des Glaubens aufgestellt. Sie sollten die Vorbeigehenden an ein kurzes Gebet, an eine Bitte um gute Ernte ermahnen, sie sollen Dank ausdrücken oder an Unglücksfälle erinnern. In Baden-Württemberg und Bayern finden sich zahlreiche Flurkreuze und Bildstöcke. Vgl. Abb. links.

Weltfriedenstreffen

Beim Weltfriedenstreffen 2002 in Assisi waren die Vertreter von insgesamt 12 Religionen sowie 31 christlicher Kirchen anwesend. Das Treffen stand unter dem Eindruck der Anschläge des 11. Septembers und des darauf folgenden Kriegs in Afghanistan. Gemeinsam unterzeichneten die Vertreter der Weltreligionen den sog. „Dekalog von Assisi für den Frieden“. In diesen zehn Punkten verpflichten sie sich, aktiv für Frieden und Verständigung unter den Völkern einzutreten.

Weltjugendtag

Der Weltjugendtag wurde von Papst Johannes Paul II. 1985 ins Leben gerufen. Sein Ziel war es, jungen Menschen die Gelegenheit zu geben, das „junge und aktuelle Geheimnis der Kirche“ im gemeinschaftlichen Erlebnis von Pilgerfahrt, Gebet, Meditation und Gottesdienst zu entdecken. Er lud die Jugend der Welt zum ersten Weltjugendtag nach Rom ein. Seither finden die jeweils unter einem Motto stehenden Weltjugendtage in der Regel jedes dritte Jahr an einem anderen Ort statt. Traditionell richtet der Papst vor jedem Weltjugendtag eine Botschaft an die Jugendlichen, in der er das Leitwort des Weltjugendtags aufgreift.

Werke der Barmherzigkeit

Zu allen Zeiten haben menschliche Gemeinschaften die Sorgepflicht für die Mitmenschen geregelt. Das zeigt sich z.B. in Form von Almosen, der Gabe an Hilfsbedürftige, damit sie das Lebensminimum haben und überleben können, in der Armensteuer im Islam *(zakat)* und in Steuern und Sozialabgaben der Staaten.
Warum Christen sich um ihre Mitmenschen kümmern, sich ihrer Probleme und Nöte annehmen, hat einen besonderen Grund: Sie berufen sich auf das Wort von Jesus: „Was ihr für einen meiner

Das Gemälde deutet den Kreislauf der → Wiedergeburten.

notleidenden Brüder und Schwestern getan habt, habt ihr mir getan" (vgl. Mt 25,40).
Zum Selbstverständnis der christlichen Gemeinden gehörte es von Anfang an, die leibliche und geistliche Not ihrer Mitmenschen zu beheben. Der Ausdruck dafür war: „leibliche Werke der Barmherzigkeit / der Nächstenliebe" und „geistliche Werke der Barmherzigkeit / der Nächstenliebe".
Die leiblichen Grundbedürfnisse der Menschen sind: 1. Essen, 2. Trinken, 3. Kleidung, 4. Wohnung, 5. medizinische Betreuung, 6. Rechtsbeistand, 7. menschenwürdige Bestattung. Ihnen entsprechen die sieben leiblichen Werke der Barmherzigkeit aus Mt 25,35-40.
Die geistlichen Grundbedürfnisse sind: 1. religiöse Unterweisung, 2. Gewissensbildung, 3. Beratung in Konfliktsituationen, 4. Trost und mitmenschliche Nähe, 5. Hoffnung und Ermutigung, 6. Verzeihung und Versöhnung, 7. Verbindung mit Gott und den Mitmenschen im Gebet. Ihnen entsprechen die sieben geistlichen Werke der Barmherzigkeit: religiös unterweisen, Wegweisung geben, Ratschlag erteilen, trösten, ermutigen, verzeihen/versöhnen und füreinander beten.

Wiedergeburt/Reinkarnation

Im Hinduismus und im Buddhismus herrscht die Vorstellung, dass die Menschen nach ihrem Tod wiedergeboren werden und erneut eine oder mehrere Daseinsarten durchwandern müssen, bevor sie Erlösung erlangen. Dabei bestimmt das → Karma, unter welchen Bedingungen und Umständen man nach seinem Tod wiedergeboren wird.
Möglich ist die Wiedergeburt in fünf verschiedenen Ebenen der Welt: Hölle, Geisterreich, Tierwelt, Menschenwelt, Götterwelt. Die Hölle ist die schlechteste und unangenehmste Form der Wiedergeburt; die Götterwelt die angenehmste. Ideal für die Erlösung ist die Wiedergeburt als Mensch, weil dann die Möglichkeit besteht, der Lehre Buddhas zu begegnen und sie in Leben und Handeln zu verwirklichen. Das Ziel ist das Ende der Wiedergeburten und das Verlöschen jeglicher Daseinsform (→ Nirwana). Vgl. Abb. links.

Wortgottesdienst

In einem Wortgottesdienst steht die Verkündigung des Wortes Gottes im Mittelpunkt. Lesung, Lieder und Gebet sind die wichtigsten Elemente. Ein Wortgottesdienst als Schulgottesdienst ohne Priester könnte folgenden Ablauf haben: Lied, Lesung, Antwortpsalm oder Lied, das die Gedanken der Lesung aufgreift, Glaubensbekenntnis, Fürbitten und abschließendes Lied. Als Wortgottesdienst wird aber auch der Teil der Messe vor der Eucharistiefeier bezeichnet und die Gestaltung des Gottesdienstes vor der Taufe oder vor der Trauung.

Zen

Zen (japanisch = Versenkung) ist eine bestimmte Richtung des Buddhismus, die ihren Ursprung in China hatte und sich von dort aus nach Korea, Vietnam und Japan ausbreitete. Dabei steht die Sitzmeditation *(zazen)* im Zentrum. Durch die Meditation soll der Mensch die zentralen Einsichten der buddhistischen Lehre selbst erfahren und erkennen. Vor allem in der Form des Zen hat sich der Buddhismus in der westlichen Welt verbreitet.

Zweites Vatikanisches Konzil

Papst Johannes XXIII. (1958-1963) berief 1962 eine Versammlung aller katholischen Bischöfe im Petersdom in Rom ein. Er wünschte ein Konzil des Dialogs mit anderen christlichen Glaubensgemeinschaften, Religionen, mit Nichtgläubigen und mit der modernen Welt. Für die Kirche sollten vom Konzil Impulse für ein vertieftes Glaubensverständnis ausgehen. Nach dem Tod von Johannes XXIII. am 3 Juni 1963 führte sein Nachfolger, Papst Paul VI. (1963-1978), das Konzil weiter. Es wurde 1965 beendet.
In mehreren Sitzungsabschnitten suchte die Kirche nach einem zeitgemäßen Standort in der Welt von heute. Die für alle Gläubigen sichtbarsten Reformen betrafen die Feier der Liturgie als Mitte des kirchlichen Lebens. So betont die Hinwendung des Priesters am Altartisch zur Versammlung der Gemeinde den Mahlcharakter.
Anstelle der Wandlungsworte in lateinischer Sprache wird der Einsetzungsbericht in der Muttersprache gesprochen. Die neue Bedeutung der Muttersprache im Gottesdienst verweist darauf, dass die Gläubigen eine Mahlgemeinschaft bilden. Durch das Konzil wurde ferner das Bewusstsein für die Verantwortung aller Getauften als Volk Gottes für das Leben der Kirche und für deren Sendung in die Welt gestärkt.
Solidarität mit der Welt fordert zur Weltverantwortung heraus.
Für den ökumenischen Dialog der römisch-katholischen Kirche mit den anderen christlichen Konfessionen, kirchlichen Gemeinschaften und Nichtgläubigen wurden wichtige Impulse gegeben. Von bleibender Aktualität sind die Grundlagen für einen Dialog mit den Weltreligionen, insbesondere mit dem Judentum, dem Islam und mit dem Hinduismus und Buddhismus, die Erklärungen zur Religionsfreiheit.
Wichtig war dem Konzil eine neue Einstellung der Kirche gegenüber den „Zeichen der Zeit", damit sie die Hoffnungen, Freuden und Sorgen der Menschen von heute wahrnehmen und die Botschaft des christlichen Glaubens in den unterschiedlichen Kulturen und Situationen den Menschen nahebringen kann.
Während der feierlichen Abschlussfeier am 8. Dezember 1963 verlas Papst Paul VI. Botschaften u.a. an Regierende, Wissenschaftler, Künstler, Frauen, Arbeiter. Der Jugend gegenüber betonte er, dass die Kirche mit dem Konzil ihr Gesicht verjüngen und für die Jugend ein Licht entflammen wollte, „ein Licht, das die Zukunft erhellen soll, eure Zukunft". Das Zweite Vatikanische Konzil hat Hoffnungen geweckt und viele Reformen in der Kirche angestoßen. Es kann als das wichtigste kirchliche Ereignis des 20. Jahrhunderts angesehen werden.

Zwei-Quellen-Theorie der Entstehung der Evangelien

Bei näherer Betrachtung der vier Evangelien (griech. = gute Nachricht) fällt zunächst der enge Zusammenhang der drei „synoptischen" (griech. = zusammenschaubaren) Evangelien des Markus, Matthäus und Lukas auf, von denen sich das Johannes-Evangelium deutlich unterscheidet. Ein Vergleich der Gemeinsamkeiten und Unterschiede der drei „Synoptiker" wirft Fragen über ihre Entstehung und ihre Abhängigkeit voneinander auf. Sie finden in der sog. Zwei-Quellen-Theorie ihre Erklärung: Das Mk-Evangelium ist das früheste Evangelium. Seine Entstehungszeit wird um das Jahr 70 n.Chr. angenommen. Es diente als Vorlage für Mt und Lk, die beide seine Gliederung und einen großen Teil seiner Textinhalte übernahmen.
Aus Übereinstimmungen im zusätzlichen Text von Mt und Lk ergibt sich eine weitere schriftliche, in griechischer Sprache verfasste Textquelle, genannt Q. Man bezeichnet sie auch als „Logienquelle", da sie vor allem Worte und Reden Jesu (griech. logos = Wort) enthält.
Texte, die sich nur in einem der drei Evangelien finden, werden „Sondergut" des jeweiligen Evangelisten genannt.
Das Mt-Evangelium entstand um das Jahr 80 n.Chr. in Syrien für eine Gemeinde, deren Mitglieder vorher jüdisch waren. Das Lk-Evangelium entstand um die Jahre 80-90 n.Chr. in Kleinasien für frühere „Heiden".
Vor Entstehung der Evangelien wurden verschiedene mündliche Überlieferungen über das Leben Jesu in den Gemeinden weitergegeben und wohl auch schriftlich festgehalten. Sie wurden von den Evangelisten gesammelt.
Das Joh-Evangelium entstand um das Jahr 100 n.Chr.; es enthält eigenständige Überlieferungen, die die Bedeutung der Person Jesu als Erlöser der Welt besonders herausheben, während die drei synoptischen Evangelien das Kommen der Gottesherrschaft in den Worten und Taten Jesu schildern.

Biblische *Zitate* und Verweise

Text- und Bildnachweis

7 Arnulf Rainer (geb. 1929), Christus, 1996-98, Mischtechnik auf Papier, 41,5 x 31 cm, Galerie Ulysses, Wien © Atelier Arnulf Rainer, Wien

8 Lehrender Christus inmitten der Apostel (Fresko), paleochristl, 3. Jh., Domitilla-Katakombe Rom, Foto © Held Collection/Bridgeman Berlin – Kurt Marti, in: Der Heilige Geist ist keine Zimmerlinde, Radius Verlag, Stuttgart 2000, Nr. 3.5, 11 – A. Knapp, Glaubensbekenntnis, in: Anzeiger für die Seelsorge 2/96, S. 84, Verlag Herder, Freiburg i.Br. – Mahatma Gandhi, Freiheit ohne Gewalt, Hegner Verlag, Köln 1968 – Paul Gauguin (1848-1903), Autoportrait au Christ jaune (Selbstbildnis mit dem gelben Christus), 1890/91, Öl auf Lw., 30 x 46 cm © VG Bild-Kunst, Bonn, 2008 Foto: akg-images/Erich Lessing

11 Grafik: Andreas A. Dorfey, München – Foto: Kösel-Archiv

12 Gestaltung: Peter Frank, Karlsruhe – Flavius Josephus – NASA

14 Nach: Hubertus Halbfas, Die Bibel, Patmos Verlag, Düsseldorf 2001, S. 353

15 Jack Pierson (geb. 1960), Jesus, 1998, Plastik und Metallbuchstaben und Neon, Foto: © Israel Museum, Jerusalem

17 Michaela Karch, Messias, 2001, Fotografie, digitale Bildbearbeitung unter Verwendung eines Bildzitates von Gerrit van Honthorst (1590-1656), Christus vor dem Hohepriester – T: Alois Albrecht/M: Peter Janssens © Peter Janssens Musikverlag, Telgte/Westfalen

18 Unbekannter flämischer Meister, um 1400 © The Walters Art Gallery, Baltimore – Unbekannter flämischer Meister, um 1400, Museum Mayer van den Bergh, Antwerpen © collectiebeleid – Unbekannter flämischer Meister, um 1400 © The Walters Art Gallery, Baltimore – Unbekannter flämischer Meister, um 1400, Museum Mayer van den Bergh, Antwerpen © collectiebeleid

19 in: Serge Bramly/Bettina Rheims, INRI, Gina Kehayoff Verlag KG, München 1998

20 © Responsable des Equipes Madeleine Delbrêl et Archives familiales, technisch bearbeitet von Jacques Faujour

21 Licht- und Kunstinstallation mit Jugendlichen und Stefan W. Knor (www.lumen-tenebris.de), für „Spuren aus Licht – Leuchtspuren Gottes im Leben", 2007, Ein Projekt der Jugendkirche Schwäbisch Gmünd (www.bdkj.info/gd), Foto: © Michael Schulze

22 Firmlinge und Firmspender Bischofsvikar Hans Zünd, Solothurn 10. Juni 2007, Kath. Pfarramt Bruder Klaus, CH-Unterkulm – KNA Bild, Frankfurt/M. – Jugendkirche Ravensburg, Foto: Pfr. Bernd Hillebrand, Ravensburg – Foto: Stephan Anderegg, CH-Bern

23 Fotos: © epd, Frankfurt a. Main – Martin Rathgeb, Wangen – in: Archiv, Jugendhaus Düsseldorf e.V. – Bundeszentrale für katholische Jugendarbeit

25 Karikatur: Werner „Tiki" Küstenmacher, Himmlische Bilderbögen, Claudius Verlag, München 2000, S. 11 unten

27 Fotos: Protestantische Pfarrgemeinde, Haardt, Foto: Hermann Fischer, Neustadt-Haardt – Manfred Bick jun., Geiselhöring – KNA-Bild, Bonn

28 Illustration: Andreas A. Dorfey, München

30 M: Jacques Berthier (1923-1994) © Atéliers et Presses de Taizé, F-71250 Taizé-Communauté, www.taize.fr

31 Foto: Sabine Leutenegger, Wil/Schweiz © Ateliers et Presses de Taizé, F- 1250 Taizé Communauté – M: Jacques Berthier © Ateliers et Presses de Taizé, F-71250 Taizé-Communaté – extract from the CD „Laudate onmes gentes" © A & PT Taizé

32 Fotos: KNA-Bild, Bonn – © Interdiözesaner Katechetischer Fond, Das Leben gestalten. Glaubensbuch 7 – picture-alliance/epd – CIRIC/Romero Haus Luzern – KNA-Bild, Bonn

33 T: Mt 18,20/M: Kommunität Gnadenthal © Präsenz-Verlag, Gnadenthal

34 Sister Corita Kent (1918-1986), Let the sun shine in, 1968, Corita Art Center, Immaculate Heart Community, Los Angeles

35 Herbert Falken (geb. 1932), Ohne Titel (Studie zum Thema Ostern), 1997, rot/weiß, Mischtechnik, collagiert, 200 x 110 cm © Herbert Falken, 2005

36 Tanja Moser, in: jetzt, das Jugendmagazin der Süddeutschen Zeitung Nr. 2/11.1.99, S. 8 ff. – Foto: Adelbert Kern, Kressbronn

37 © Christine Busta, Inmitten aller Vergänglichkeit. Gedichte, Otto Müller Verlag, Salzburg 1985, S. 87

39 Uta Helene Götz, Memento mori, 1990, 155 x 220 cm © Uta Helene Götz, Zeetze

40 Anselm Grün, in: Martin Schmeisser (Hg.), Gesegnetes Leben, Verlag am Eschbach der Schwabenverlag AG, Stuttgart 2003, S. 99 – ebd. – © epd-bild/Werner Krüper

41 Kreation und Gestaltung: Sr. Maria Immaculata Kieninger OSB, Foto: Sr. Charis Doepgen OSB, Benediktinerinnenabtei Kellenried b. Ravensburg

43 Christus – Sieger über den Tod, Apsis-Fresko der Nebenkirche des Chora-Klosters in Konstantinopel, Anfang 14. Jh., Museum Karye, Istanbul

45 Herbert Falken (geb. 1932), Pastor Bonus (Requiem für H. G.), 1984, 18.7.1984, Öl, Pastellkreide auf Leinwand, 200 x 140 cm, Museum für Sepulkralkultur, Kassel

46 Lothar Zenetti, Auf seiner Spur, Verlagsgemeinschaft Topos plus, Kevelaer 2000, S. 196 – T: Wilhelm Willms/M: Hans-Jörg Böckeler © Edition Schwann, Musikverlag, Frankfurt a.M.

47 Rosemarie Trockel (geb. 1952), Collage, 1983, Schreibmaschinenschrift, 14,1 x 21 cm, K.K. Basel © VG Bild-Kunst, Bonn 2011

48 Foto: Adelbert Kern, Kressbronn

49 Susanne Pertiet (geb. 1959), Durchkreuzt, 1999

50 Sister Corita Kent (1918-1986), Rest, 1971, Corita Art Center, Immaculate Heart Community, Los Angeles

51 George Grosz (1893-1959), Kapitalist, 1932 © VG Bild-Kunst, Bonn 2011

52 picture-alliance/Globus Infografik – KNA, Bonn

53 picture-alliance – Europäische Ökumenische Versammlung – in: Karl Rahner/Herbert Vorgrimler, Kleines Konzilskompendium, Verlag Herder, Freiburg i. Br. 1966, S. 449 – picture-alliance/dpa – © Adveniat

54/55 Illustration: Andreas Dorfey, München

55 Ausgießung des hl. Geistes, Pfingstbild des Osnabrücker Altars, um 1375

58 Hans Küng, Die Religionen vor den Herausforderungen des 21. Jahrhunderts, in: Engelbert Groß/Klaus König (Hg.), Religiöses Lernen der Kirchen im globalen Dialog. Weltweit. Akute Herausforderungen und Praxis einer Weggemeinschaft für Eine-Welt-Religionspädagogik, Lit-Verlag, Münster/Hamburg/London 2000, S. 572 ff. (gekürzt)

60/61 Pablo Picasso (1881-1973), Der Frieden, 1952/1953, im Friedenstempel in: Vallauris, Holzfaserplatte, 4,70 x 10,20 m © Succession Picasso/VG Bild-Kunst, Bonn 2011 – Foto:

bpk/Félicien Faillet – in: Karl Gabriel/Sabine Keller/Franz Nuschler/MonikaTreber (Hg.), Handeln in der Weltgesellschaft: Christliche Dritte-Welt-Gruppen, Zentralstelle Weltkirche der Deutschen Bischofskonferenz, Bonn 1995

62 Hans Schuh, in: Jahresringe 10. Unterrichtswerk für Katholischen Religionslehre an Realschulen in Baden-Württemberg, Klassenstufe 10, hg. v. Günter Jerger, Stuttgart [5]1992, S. 172 – Walter Habdank (1930-2001), In Erwartung, 1995, Holzschnitt, 64 x 41 cm © VG Bild-Kunst, Bonn 2011

63 T: Raymund Weber/M: Ludger Edelkötter, in: Weißt du, wo der Himmel ist?, KiMu Kindermusikverlag GmbH, Pulheim 2002, Nr. 6

64 Kinderhilfe La Paz e.V., Gräfelfing – epa afp Gonzalo Espinoza/dpa

65 © Rainer Mozer, Rottenburg

66 Papst Johannes Paul II. in der Synagoge von Rom, 1986 – Klaus Staeck, Abendmahl, 1982, Pax-Christi-Kirche, Krefeld © VG Bild-Kunst, Bonn 2011f

67 Clare Burnett, Foto: Birmingham Cathedral

68 picture-alliance/KPA/Adler, Ralf – © Pitopia/claudia otte, 2007

69 in: Michèle Lemieux, Gewitternacht © 1996 Beltz & Gelberg in der Verlagsgruppe Beltz, Weinheim/Basel

70 in: Nevfel Cumart, Auf den Märchendächern. Gedichte, Grupello-Verlag, Düsseldorf 1999, S. 13 – Foto: Gudrun Lutzmann, Dillingen

72 Bild: Kösel-Archiv

73 Foto: Kösel-Archiv – nach: Schreiben an M. Schayer, Albert-Einstein-Archiv, Hebräische Universität Jerusalem, Israel – Prof. Edwin Grant Conklin (1863-1952) – zusammengest. n. Jostein Gaarder, Sofies Welt, übers. von Gabriele Haefs, dtv, München 1998

75 in: „Die Menschen lügen. Alle" und andere Psalme, aus dem Hebr. übertr. von Arnold Stadler, Insel-Verlag, München 1999, S. 78-80 (gekürzt) – Günther Uecker (geb. 1930), Ruhestatt Verletzungen Verbindungen, 1982, Matratze, Holz, Binden, Nägel, 200 x 120 cm © VG Bild-Kunst, Bonn 2011

76 Foto: PA/Godon/Isachar – Fotos: Jürgen Damen © Bistum Aachen

77 © KNA-Bild – dpa

78 Magdalena Marx, in: Peter Rosien (Hg.), Mein Credo, Publik-Forum-Verlag GmbH, Oberursel 1999, S. 35

79 Nach einer Vision von Hildegard von Bingen

80 © 1964 Margaret Fishback Powers, übers. von Eva-Maria Busch © der dt. Übersetzung 1996 Brunnen Verlag, Gießen, www.brunnen-verlag.de – in: Kurt Marti, Namenszug mit Mond. Gedichte, Werkauswahl in fünf Bänden, Verlag Nagel und Kimche, Zürich 1996 – in: Martien Jilesen, Gott erfahren – wie geht das? Psychologie und Praxis der Gottesbegegnung, Verlag Herder, Freiburg i.Br. 2003, S. 12f.

81 T: Dietrich Bonhoeffer © Gütersloher Verlagshaus GmbH, Gütersloh, M: Siegfried Fietz © Abakus Musik Barbara Fietz, Greifenstein

82 in: Franz Kett/Regina Schmidt/Gabriele Frison (Hg.), Christophorus. Bilderbuch zur Legende, RPA Verlag Religionspädagogische Arbeitshilfen GmbH, Landshut 1985 (gekürzt)

83 Fotos: dpa – picture-alliance/ZB – KNA-Bild, Bonn – Texte in: DIE ZEIT, 18.8.05, Nr. 34 – Time.com/sueddeutsche.de (gekürzt) – Die Tagespost, Würzburg, 15.11.2005 (gekürzt)

84 Martin Schwarz, Schrozberg-Bartenstein

85 Joan Miró (1893-1983), hirondelle amour (Schwalbe Liebe), 1933/34, Öl auf Lw., 200 x 250 cm, New York, The Museum of Modern Art © Successió Miró/VG Bild-Kunst, Bonn 2011, Foto: akg-images

86 Kristiane Allert-Wybranietz, in: Liebe Grüße. Verschenktexte, lucy körner verlag, Fellbach [18]1987, S. 42 – Presse-Bild-Poss, Bernhardswald – Zusammenfassung aus dem Kath. Erwachsenenkatechismus, Bd. 2: Leben aus dem Glauben, hg. v. d. Dt. Bischofskonferenz, Bonn 1995, S. 386-87 – Katholischer Erwachsenenkatechismus, Bd. 2, S. 344

87 Erich Fried, in: Aufforderung zur Unruhe. Ausgewählte Gedichte, Sonderreihe dtv, München 1972, S. 141 – Foto: Barbara Schupp, Kressbronn – Kurt Marti, ZOÈ ZEBRA. Neue Gedichte, Verlag Nagel und Kimche, Zürich 2004, S. 43 – Walter Kostner, Wir zwei. Cartoons © Verlag Neue Stadt, München [2]1997

88 Illustration: Andreas A. Dorfey, München – Nach einer Idee von: Catherine und Mill Majerus, Über Sex und Liebe reden. Ein Ratgeber für Eltern und alle, die Jugendliche begleiten, Kösel-Verlag in der Verlagsgruppe Random House GmbH, München 2007

89 Nach: Ludwig Rendle u.a., Ganzheitliche Methoden im RU – Neuausgabe, Kösel-Verlag in der Verlagsgruppe Random House GmbH, München 2007, S. 113 – Illustrationen: Andreas A. Dorfey, München (2) – in: Durch das Jahr – durch das Leben. Das christliche Hausbuch für die Familie, Kösel-Verlag, München 2006

90 Nach: Manfred Herrnkind, Illusionen. Gedichte. Vereinigte Buchdruckereien, A. Sandmeier & Sohn, Bad Buchau 1991, S. 60 (verändert)

91 Herbert Bardenheuer (1949-2007), Paar, 1977, Öl auf Lw., 75 x 100 cm, Rechte bei Erben des Künstlers

93 © Jan Saudek, Prag

94/95 Nach: Religion elementar 9/10, hg. Wolfram Eilerts/Heinz-Günter Kübler, Diesterweg Verlag, Braunschweig 2003, S. 40 – Blüten-Illustration: Andreas A. Dorfey, München

97 Fotos: Barbara Schupp, Kressbronn – Chiara Thoma, Sappenfeld – Hans Wiedl, dpa – Alexandra Stützle, Biberbach – © Pitopia/Anita Medjed, 2004

98 HAP Grieshaber (1909-1981), Liebespaare, 1978 XI., Holzschnitt © VG Bild-Kunst, Bonn 2011

99 Original: aus Israel/ Satz und dt. Text: Siegfried Macht © Rechte beim Urheber – Nach: Durch das Jahr – durch das Leben. Das christliche Hausbuch der Familie, Kösel-Verlag, München 2006, S. 44

100 Illustration: Andreas A. Dorfey, München – Gerhard Mester/Baaske Cartoons

101 wie S. 55 – Mikrozensus © Statistisches Landesamt Baden-Württemberg 2008 – wie S. 85

102 René Magritte (1900-1986), Versuch des Unmöglichen, 1928, Öl auf Lw., 105,6 x 81 cm © VG Bild-Kunst, Bonn 2011 – Marc Chagall (1887-1985), Adam und Eva, 1911/12, 27,5 x 24 cm © VG Bild-Kunst, Bonn 2011

103 Foto: Kösel-Archiv

104 Sitzender Buddha Amida, Japan, Späte Heian Periode, Mitte 11. Jh., Zypressenholz, lackiert, 152,5 cm Höhe © Kyoto National Museum – Hutchison Library, London – © Kailash Institut GmbH, Freiburg

105 Fotos: © Uwe Morawetz, Berlin – picture-alliance/Godong

106 Illustration: Eva Amode, München – Fotos: Gerd Aumeier, Fuldatal

107 Foto: Stephan Schlensog, Stiftung Weltethos, Tübingen

108 in: Kurt Zisler, Glauben und Leben, Pichler VBH, Wien, S. 49 – Vishvarupa, „Allgestaltige" Gottheit, Foto: Peter Keilhauer, Salzburg

109 Swami B. H. Bon Maharaj, zit. nach Gerhard Szczesny, Die Antwort der Religionen, Rowohlt Verlag, Reinbek 1971, S. 99 – Kösel-Archiv – Foto: Miriam Heinhold, München

110 in: Folienmappe Buddhismus mit Unterrichtsvorschlägen und Arbeitsblättern, Auer Verlag, Donauwörth

110/111 nach: Hubertus Halbfas, Religionsunterricht in Sekundarschulen 9/10, Patmos-Verlag, Düsseldorf 1991, S. 138 ff.

113 Fotos: Erich Sämmer, Ken Shin Kai Aikido Dojo, München, aikido@kenshinkai.de – Robert Beer – Archiv Barbara Lemke, Kammerstein
114 Grafik: Eva Amode, München, in: Sebastian Painadath, Das Sonnengebet, Kösel-Verlag, München 22001, S. 69 ff.
115 Foto: Stephan Schlensog, Stiftung Weltethos, Tübingen
116 Die Friedensgebete von Assisi, Verlag Herder, Freiburg i.Br. 1987, S. 21-24 – Foto: Miriam Heinhold, München
117 T: nach Hilde Domin/M: nicht zu recherchieren – H. M. Enomiya-Lassalle beim Zazen mit seinen Schülern im Meditationshaus in Dietfurt/Altmühltal, Zenhalle, 1986, Foto: P. Kammann, Frankfurt
118 Paul Reps (Hg.), Ohne Worte – ohne Schweigen. 101 Zen-Geschichten und andere Zen-Texte aus vier Jahrtausenden, O.W. Barth Verlag bei Scherz, Bern/München/Wien 1977, S. 38
119 Keith Haring (1958-1990), o.T., 1988 © Keith Haring Foundation
120 Illustration: Atelier Pulido, www. pulido.de, nach einer Idee von Elsa Scheck, Klasse 10 b der Lobdeburgschule in Jena, Deutsche Krebshilfe e.V., Bonn – Fotos: picture-alliance/dpa – Meinrad Grammer, Ergenzingen
121 Malteser Magazin April 98 – Jake & Dinos Chapman, „Rivers of blood“, Privatsammlung USA – Text: RP ONLINE GmbH, Düsseldorf
122 © creativ collection/ccvision lizenzfrei
123 © PhotoAlto/Pierre Bourrier lizenzfrei
124 Sekretariat der Dt. Bischofkonferenz, Kaiserallee 163, Bonn
125 © H.R. Bramaz/Helga Lade
126 Fotos: DJK Sportverband e.V., Düsseldorf – Imago/PanoramiC – Sendung im Domradio Köln, 26.5.2007
127 Foto: © Ateliers et Presses de Taizé, F–71250 Taizé-Communauté – Text in: Christ in der Gegenwart im Bild 9/2007, S. 130f.
128 picture-alliance/dpa
129 Rembrandt, Harmensz van Rijn (1606-1669), Die Auferweckung der Tochter des Jairus, um 1655/60, Feder- und Pinselzeichnung, 19,8 x 19,8 cm, Berlin, SMPK, Kupferstichkabinett, Foto: akg-images
130 Illustration: Andreas A. Dorfey, München
131 Ernst Barlach (1870-1938), Trauernde, 1930 © Ernst Barlach Lizenzverwaltung Ratzeburg
132 in: Hans Reiner, Gruppenstunden mit Thema, Bernwald-Verlag, Hildesheim 1986, S. 103 – Sekretariat der Dt. Bischofskonferenz, Kaiserallee 163, Bonn
133 Edvard Munch (1863-1944), Am Totenbett, Fieber, 1895 © The Munch Museum/The Munch Ellingsen Group/VG Bild-Kunst, Bonn 2011 – nach: Durch das Jahr – durch das Leben, Kösel-Verlag, München 2006, S. 175
134 Kurt Marti, in: Geduld und Revolte. Die Gedichte am Rand, Radius Verlag, Stuttgart 1995, S. 7
135 Unbekannter Künstler, Meditationsbild des Nikolaus von Flüe (1417-1487), 1470/1480, Pfarrkirche Sachseln © Bruder-Klaus-Stiftung, Sachseln
136 Hans Rams, Die Werke der leiblichen und geistigen Barmherzigkeit, 1985-1988, Foto: Robert Schmies – CVJM Magstadt
137 Pax Christi, Freiburg – Hans Rams, Die Werke der leiblichen und geistigen Barmherzigkeit, Fotos: Maria Jakobs – Missionsprokur der Jesuiten, Nürnberg – Joachim Deitert, Würzburg
138 Heinrich Schreiber (geb. 1864), Dass niemand zu einem Gegenstand, Holzschnitt © Heinrich Schreiber, Kronach (Detail) – Oskar Kokoschka (1886-1980), In Memory of the Children of Europe who have to die of cold and hunger this Christmas, Poster, 1945 © Fondation Oskar Kokoschka/VG Bild-Kunst, Bonn 2011
139 © www.agenda21-treffpunkt.de
140 © Anselm Kiefer (geb. 1945), Galerie Ropac, Salzburg – © Universal Pictures – Rudolf Kurz (geb. 1952), Kreuz/Auferstehung, 1998, Stahl/Weißgold, H 561 cm, Kirche St. Maria Königin des Friedens, Sindelfingen, Foto: Matthias Kaiser, Esslingen – Michael Rickert, Münster, „durchkreuzt“. Gebetsposter für Ökumenischer Kreuzweg der Jugend 2002, BDKJ
141 Bildagentur Waldhäusl © Allgoewer Walter
142 www.caritas.de – © pas
143 Illustration: Andreas A. Dorfey, München
144 ehem. Zisterzienserkloster Hardehausen, Foto: Josef Mense, Kassel
145 in: Eva-Maria Glasbrenner/Wolfgang Stein, Hochglanzgötter, Staatliches Museum für Völkerkunde, München 2000
146 Hildegard von Bingen (1098-1179), Die Seherin, Miniatur des 12. Jh. (Kopie 1927-1933), © Benediktinerinnenabtei St. Hildegard, Rüdesheim am Rhein – Grünewald, Mathis Gothart-Nithart (ca. 1475-1528), Detail aus dem Isenheimer Altar, Musée d'Unterlinden, Colmar
147 Anastasis (Höllenfahrt Christi), Exsultet-Rolle aus Benevent, um 981-987, Bibl. Apostol Vaticana, Cod. Lat. 9820, in: Günter Lange, Bilder zum Glauben. Christliche Kunst sehen und verstehen, Kösel-Verlag, München 2002, S. 239
148 Interdiözesaner Katechetischer Fond, Das Leben gestalten, Glaubensbuch 7
149 KNA-Bild, Bonn – © Mark Parisi, www.offthemark.com
151 Pfingsten, Ausgießung des Heiligen Geistes, Evangeliar Heinrichs des Löwen, um 1170, Herzog-August-Bibliothek, Wolfenbüttel
152 in: Sebastian Kneipp/Bonifaz Reile, Das große Kneippbuch. Ein Volksbuch für Gesunde und Kranke, Kösel-Verlag, Kempten 1928 – Foto: Kurort Bad Wörishofen
153 © www.ecunet.de und Stiftung der Oekumene – Foto: Klaus Herzog, Aachen – Mandorla in der alten Pfarrkirche in Gries/Bozen, Foto: Adelbert Kern, Kressbronn
154 Mädchen mit Downsyndrom, Foto: Oliviero Toscani, Mailand
155 Foto: Straße der Menschenrechte Nürnberg © Germanisches Nationalmuseum, Nürnberg
156 © Weltgebetstag der Frauen, Deutsches Komitee e.V, Stein
157 Grabplatte der Künstlerin Hilde Broer, Kressbronn, Foto: Adelbert Kern, Kressbronn – Osterkerze in der Hauskapelle St. Konrad, Kressbronn, hergestellt in der Benediktinerinnenabtei Kellenried, Foto: Adelbert Kern, Kressbronn
158 Foto: Jürgen Damen © Bistum Aachen
159 in: Bischöfliches Ordinariat Regensburg (Hg.), Folienmappe Hinduismus mit Unterrichtsvorschlägen und Arbeitsblättern, Auer Verlag, Donauwörth 1995 – in: Fulbert Steffensky, Dorothee Sölle. Mystikerin und Rebellin, Kreuz Verlag, Stuttgart 2008, S. 12
161 Foto: Gustavo Alàbiso, Karlsruhe
162 Wegkreuz in Warmtal, Foto: Adelbert Kern, Kressbronn
163 The Entanglement in Fruitive Activities, From the Bhaktivedanta Book Trust Int'l © 2003